「拷問」「処刑」の日本史

農民から皇族まで犠牲になった日本史の裏側

著◉水野大樹

KANZEN

「拷問」「処刑」の日本史

農民から皇族まで犠牲になった日本史の裏側

史料に残された残酷の歴史◉まえがき

歴史には表と裏がある。きらびやかな貴族社会や戦国大名たちの活躍、江戸時代の町人文化の発展や明治維新以後のめざましい近代化など、教科書で習う華々しい事実が〝表〟の歴史ならば、本書で取り上げる「拷問」と「処刑」の歴史は〝裏〟の歴史といえるだろう。

平和な現代に生きる読者のなかには、残酷な拷問と処刑が日本でも行われていたことに驚く人もいるかもしれない。しかし、たとえば昭和戦前期の特別高等警察（特高）による苛烈な拷問のすえ獄死した人々がいるのだが、これは70～80年前の出来事である。わずか80年前の日本では、公権力による拷問が確実に存在していたのだ。

もちろん、これは一部の日本人がしたことではあるが、史料をたどると、日本人がさまざまな拷問と処刑の方法を編み出してきた歴史があることがわかる。鞭で打ち付ける拷問は序の口で、髪を引き抜いたり、爪を剥いだり、重い石を膝の上に載せたり、両手を縛って吊るしたり、火や水、熱湯を使って苦しめていった歴史が見えてくる。想像を絶する苦痛に、やってもいない犯行を告白した者も多くいた。

また、処刑についても、なるべく時間をかけ、犠牲者の苦しみを長引かせるような方法が考案された。切れ味の悪い刀で首を斬る「鋸引き」や、一撃ではなかなか死ねなかった「串刺し」、体をバラバラにする「牛裂き」など、現代では考えられないような残酷な処刑法がまかり通っていたのである。

本書は、こうした血塗られた〝裏〟の歴史に光をあて、史料で確認できる拷問と処刑の歴史をひも解いていく。どのような方法で苦しみ、そして死んでいったのか。歴史の裏に潜むもう一つの歴史の事実を堪能していただきたい。

なお、本書で史料を引用する際は適宜、送り仮名や句読点を追加した。また、漢文は仮名混じりに書き下し、こちらも適宜送り仮名や句読点を追加してあるので、ご了承いただきたい。

CONTENTS

農民から皇族まで犠牲になった日本史の裏側

「拷問」「処刑」の日本史

第2章 貴族社会の拷問と処刑
――王朝絵巻の裏に隠された歴史

第3章 武家の台頭で残酷化された刑罰
——武士社会が生んだ狂気

CONTENTS

実例でわかる「戦い」に勝つための法則

「拷問」「処刑」の日本史

第4章 ますます苛烈になる拷問と処刑
――戦国武将が紡いだ闇歴史

CONTENTS

切場

第6章 明治維新後も終わらなかった残酷劇
——明治新政府から昭和の特高まで

拷問・処刑の歴史の流れをつかむ

軻遇突智の「三段斬り」、素戔嗚尊の「爪剥ぎ」にはじまる日本の拷問と処刑の歴史は、時代を追うごとに残酷化した。ここでは簡単に拷問・処刑の歴史をたどっていく。

『後三年合戦絵巻』
(国立国会図書館蔵)

『大宝律令』成立

日本で最初の法典ともいえる『大宝律令』が成立。拷問と処刑についても明文化された。

『大宝律令』の制定に携わった藤原不比等。

38ページ

史料上、最初の拷問

日本で最初に拷問を受けたのは、史料上では日本神話上の神様でもある素戔嗚尊であるとされる。『日本書紀』によると、素戔嗚尊は爪を剥がされ、髪の毛を抜かれる拷問を受けたという。

18ページ

火刑の執行

雄略天皇は、四肢を木に張り付けて、そのまま火にくべるという方法で罪人を処刑した。

22ページ

794年　奈良時代　757年　701年　古代　450年頃

平安京遷都

橘奈良麻呂の変

時の実力者・藤原仲麻呂に対する反乱。首謀者である橘奈良麻呂のほか、元皇太子・道祖王をはじめとする皇族、貴族が拷問を受けたうえに獄死するという事件だった。当時の権力争いの苛烈さを示す事件である。

43ページ

史料上、最初の処刑

20ページ

日本における史料上での最初の処刑も、神話時代に見える。日本の創世神ともいえる伊弉諾尊が、伊弉冉尊にケガを負わせた軻遇突智を三段斬りで殺したのがそれだ。

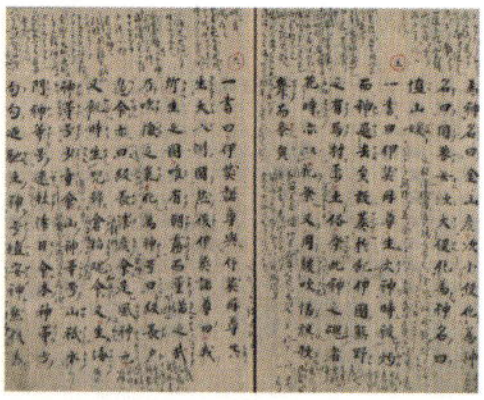

『日本書紀』の軻遇突智が処刑される場面を書いた部分。同書には、一説として、軻遇突智が「五段斬り」で処刑されたとする話も載せられている。

平治の乱

67ページ

保元の乱後に権力を握った信西に対し、後白河上皇グループと二条天皇グループが結託して反発し、クーデターを決行。平治の乱が勃発した。「晒し首」「鋸引き」といった残酷な処刑法が記されるようになる。下の図版は、戦に勝利した後白河上皇軍の様子を描いたもので、敵軍の首を刀にぶら下げて行進している様子がわかる。

薬子の変（処刑の廃止）

平城上皇が嵯峨天皇の意向に反して平安京から平城京への遷都を画策したことで、嵯峨天皇が平城上皇の側近・藤原仲成を捕縛し、処刑した。仲成の処刑以降、朝廷命令による処刑は廃止された。

52ページ

1159年

810年

平安時代

1156年

1083年

保元の乱（処刑復活）

鳥羽上皇の死後、崇徳上皇グループと後白河天皇グループの対立が激化し、壬申の乱（670年）以来の大規模な内乱・保元の乱が勃発した。810年（大同5）以来、廃止されていた処刑が復活した点で、拷問・処刑史上で画期となる事件となった。

72ページ

後三年の役

58ページ

奥州の豪族同士の合戦に、中央の武士・源氏が介入。この30年前に起こった前九年の役とともに源氏躍進のきっかけとなった。武士が中央でも台頭するようになり、それにともない拷問や処刑の方法も残酷化された。拷問や処刑が復讐の手段ともなった。

鎌倉幕府滅亡

88ページ

後醍醐天皇や足利尊氏により鎌倉幕府が滅亡した。このとき、後醍醐天皇の側近の一部に「火責め」が行われたという記録が残っている。

源平合戦

71ページ

平氏政権に対して源氏が反乱を起こし、源平合戦が勃発。奥州から九州までが戦乱の舞台となる大規模な戦乱となり、戦後、680年にわたる武家政権が築かれる。

『庭訓往来』成立

『庭訓往来』は武士の子弟のために書かれた、当時の教科書のようなもの。この中で3種類の拷問についての説明がある。

82ページ

15世紀前半　1333年　1180年

室町時代　鎌倉時代

1440年　1232年　1185年

結城合戦

86ページ

下総の国人・結城家による反乱が勃発。このときお付きの女房に対して「錐もみ責め」という拷問が行われたといわれる。武士社会では女性に対しても容赦ない拷問がくわえられたことを物語る。

結城合戦勃発当時の将軍、足利義教。

鎌倉幕府成立

御成敗式目制定

鎌倉幕府が作った武家法典「御成敗式目」が成立。処刑法として「斬罪」と「獄門」が規定された。拷問に関する規定はなく、拷問は無条件に行われた。

78ページ

伴天連追放令

キリスト教が禁止され、キリスト教徒への過酷な弾圧が行われた。

136~142ページ

1587年

三好長治による牛裂き

114ページ

阿波・讃岐地方の支配者、三好長治が、自分の鷹を打ち殺した少年を「牛裂き」という極刑に処した話が史料に残されている。そのほか会津などでも行われたという。

1572年

和田新五郎事件

戦国時代での「鋸引き」の初見。将軍の侍女と密通した和田新五郎が京都で「鋸引き」の刑に処されたことが、当時の公家の日記に書き遺されている。

110ページ

1544年

戦国・安土桃山時代

1578年　1571年　1493年

有岡城の戦い

織田信長と荒木村重の戦い。信長は有岡城を攻め落とし、見せしめのために女性と子供を含む500人以上を火あぶりと磔に処した。

120ページ

明応の政変

管領が室町幕府の将軍を廃立したクーデター。中央政権内での下剋上で、将軍の権威が急激に低下、この事件をきっかけに戦国時代の幕は開いた。

第4章

織田信長狙撃事件

1570年（元亀1）に越前を攻めた織田信長は、その帰途、何者かに狙撃された。信長はこの狙撃犯を1年がかりで捜索のうえ、捕縛したが、狙撃犯に科せられたのは「鋸引き」という残酷刑だった。

111ページ

『公事方御定書』制定

146~161、172~183ページ

江戸幕府が制定した刑法典。拷問と処刑が制度化された。戦国時代以来の残酷刑「鋸引き」なども残存し、「海老責め」「吊るし責め」といった過酷な拷問も許された。

処刑法のひとつ「斬罪」の場面。

法的に認められた拷問のひとつ「吊るし責め」。

身動きできない状態で拷問にかける「海老責め」。

1912年　1867年　1742年　1603年

大正時代　明治時代　江戸時代

1925年　1882年　1870年

治安維持法成立

国体の変革、私有財産の否認を目的とする結社を禁止した法律。これにより思想警察であった「特高」による取り締まりが活発化し、多くの共産党員・労働運動家が逮捕され、拷問の犠牲者となった。

213~227ページ

新律綱領制定

210ページ

明治政府が急いで作った刑法典。拷問を認め、処刑法にも「斬罪」が残された。右の画像は新律綱領で定められた「絞首刑」に使う「絞柱」という器具である。

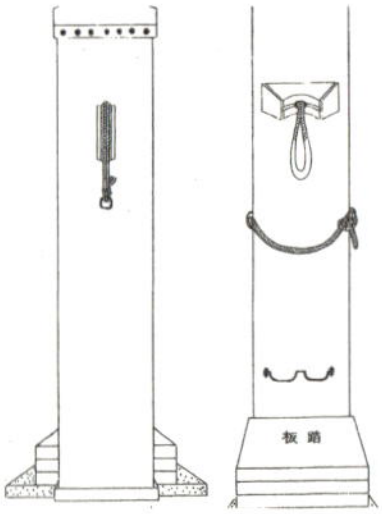

旧刑法成立

明治政府により、旧刑法が成立した。これにより拷問は全面的に禁止され、処刑法も「絞首」のひとつのみとなった。しかし、拷問の禁止は表向きだけだったといわれる。

204ページ

第1章
拷問・処刑の起源を探る
——『記紀』の世界の裏側

記録の上での最初の拷問「爪剥ぎ」

日本神話の英雄・素戔嗚尊《すさのおのみこと》が最初の拷問被害者だった

日本の文献史上、はじめて拷問にかけられたのは、素戔嗚尊《すさのおのみこと》である。素戔嗚尊とは、初代天皇とされる神武《じんむ》天皇の祖先・天照大神《あまてらすおおみかみ》の弟で、神武天皇以前の日本を支配していたのは彼の子孫だったとされるほど、日本の神話上では重要な人物だ。

そんな素戔嗚尊が、日本ではじめて拷問された経緯を『日本書紀』の記事から見ていくと、次のようになる。

出雲《いずも》国（現在の島根県東部）へ行くことになった素戔嗚尊は、その前に高天原《たかまがはら》（現在地不明）という地に住む姉の天照大神にあいさつをするために出向いた。しかし、素戔嗚尊はそこで田んぼに種を重ね蒔きしたり、天照大神が神衣《かんみそ》を折るための部屋である機殿《はたどの》に皮を剥いだ馬を投げ入れたりといった狼藉を働いたため、弟の行為に怒った天照大神は天岩戸《あまのいわと》に隠れ、そのために天上天下ともに暗闇に覆われてしまった。神々の機転でなんとか天照大神を連れ戻すことには成功したが、このような事態を引き起こした素戔嗚尊をそのままにしておくわけにはいかず、神々は、素戔嗚尊に罰を与えることにした。

『日本書紀』には、次のように書かれている。

諸神《もろがみ》、罪過《ざいか》を素戔嗚尊《すさのおのみこと》に帰せ、科するに千座置戸《ちくらのおきど》を以《もっ》てし、遂《つい》に促《せ》め徵《はた》る。髪を抜かしむるに至り、以て其《そ》の罪を贖《つぐな》はしむ。亦《また》其の手足の爪を抜きて之《これ》を贖《つぐな》はしむとも曰《い》ふ

「神々たちは罪を素戔嗚尊にきせて、千座置戸《ちくらのおきど》をもって罰とした。髪を抜かせるに至って、それによりその罪を償わせた。また、素戔嗚尊の手足の爪を抜いてこれを償わせたともいう」という意味である。千座置戸とは、たくさんの捧げものを供えさせる罰のことである。そのうえで素戔嗚尊は、髪の毛を引き抜かれたうえに、手足の爪も剥がされたというわけだ。

この話は神話上の物語であり、史実ではない。

しかし、『日本書紀《にほんしょき》』が編纂された720年（養老《ようろう》4）当時には、このような伝承が残されていたことは間違いない。また、この話がいつの時代のものなのかもはっきりしないが、大和朝廷が国土を統一した4世紀よりは前の話であると考えていいだろう。

素戔嗚尊のエピソードは、拷問というより刑罰に近い話で、髪を抜いたり爪を剥がしたりするのは「穢《けが》れ」を払うためであるとされる。罪人を肉体的に苦しめる方法が、神代の時代から日本にも存在していたのである。

その後の素戔嗚尊だが、高天原を追放された彼は出雲に行き、その地で八岐大蛇《やまたのおろち》という大蛇を退治し、当地の豪族の娘と結婚、出雲の支配者となった。そして、彼の子孫である大国主命《おおくにぬしのみこと》（『日本書紀』本文では素戔嗚尊の子、『古事記《こじき》』では素戔嗚尊の6世の孫）が天照大神の子孫に国を譲ったとされている。

斬首刑のはじまり、「三段斬り」という処刑

神話時代に行われた斬首刑の起源

処刑の歴史は拷問のそれよりもさらに古く、素戔嗚尊《すさのおのみこと》の親の代、つまり、伊弉諾尊《いざなぎのみこと》と伊弉冉尊《いざなみのみこと》の時代までさかのぼる。もちろん、彼らも神話上の人物で実在しない。

伊弉諾尊と伊弉冉尊は夫婦で、伊弉諾尊が夫である。ちなみに二人は兄妹の間柄でもある。二人は海や山、島など森羅万象の神々を産んだ、神の中の神といえる存在で、日本神話上では特別な存在である。

そんな二人が、火の神・軻遇突智《かぐづち》を産んだときの話だ。伊弉冉尊は軻遇突智を産んだとき、その火によって火傷を負い、死んでしまった。怒った伊弉諾尊は軻遇突智を処刑することにするのだが、『日本書紀』には次のように書かれている。

一書に曰《いわ》く、伊弉諾尊《いざなぎのみこと》剣を抜き軻遇突智《かぐづち》を斬りて三段《みきだ》と為《な》す

「三段《みきだ》と為《な》す」とは、体を3つに斬るという意味で、これが斬首刑のはじまりとされている。また「体

を3つに斬る」という方法は、のちの「三段斬り」につながる処刑法であり、日本では体をバラバラにする処刑法が古代からあったと考えてよい。

『日本書紀』にはそのほか「一書に曰《いわ》く」として、軻遇突智を五段に斬ったという説も載せられており、いずれにしても軻遇突智は体をバラバラにされて処刑されたということだろう。

五段斬りの上をいく「八段斬り」が行われたことも『日本書紀』には載っている。

587年（用明《ようめい》天皇2）、時の権力者だった蘇我馬子《そがのうまこ》と物部守屋《もののべのもりや》の対立が高じて、ついに武力闘争に発展した。この内乱は、多くの皇族を味方につけた蘇我馬子側の勝利となり、守屋は討ち取られ、守屋軍は四散した。守屋方についた武将に、捕鳥部万《ととりべのよろず》という人物がいた。天皇は逃亡した万を捕えるよう命じたが、万は激しく抵抗し、結果、万は自害する。そこで天皇は、万の遺体を「八段《やきた》に斬りて八国に散《さらし》梟《くしさ》せ」たという。散梟《ちらしくしさす》は串刺しにして晒《さら》す意味であるとされ、晒し首の最初の例でもある。

また、素戔嗚尊が八岐大蛇《やまたのおろち》を退治した話は、土着の豪族を八段斬りで処刑したことを暗示しているともいえよう。

軻遇突智の処刑の話がいつの時代の話なのかは不明だが（少なくとも4世紀よりは前の話だと考えられる）、3世紀頃の日本（倭《わ》国）について書かれた中国の史書『魏志《ぎし》』には、次のような記事がある。

其《そ》の法を犯すや、軽きは其の妻子を没し、重きは其《その》門戸及び宗族を滅す

法を犯した人は妻子を殺され、罪が重い場合は一族すべてが処刑されるという意味になる。3世紀の日本にはすでに行政的な処刑が存在していたことがわかる。

火あぶりとは違う古代の「火刑」とは

床に人を縛り付けて焼き殺す処刑法

処刑の方法として古今東西で行われたものに「火あぶり」がある。日本でも火あぶりは行われたが、古代日本では火あぶりとは違う「火刑」が存在した。

雄略《ゆうりゃく》天皇2年（450年代後半）、雄略天皇は百済《くだら》から献上された池津媛《いけつひめ》という女性を宮中に入れようとしたのだが、その前に池津媛は石川楯《いしかわのたて》（詳細不明）という人物と密通していたことが判明した。怒った天皇は二人を捕えて処刑したが、そのときのことを『日本書紀』は次のように記している。

夫婦の四支《しし》を木に張らしめ、假庪《さすき》の上に置きて火を以て焼死《やきころ》す

「四支」は両手足のことで、「假庪《さすき》」は仮の床のことである。要するに、石川楯と池津媛の両手足を木に張り付け、床の上に置いて焼き殺したというわけだ。「焼死《やきころ》す」と書いている以上、動けないようにしたうえで生きたまま火にかけたということになる。

『日本書紀』にはもう一件、火刑の記事がある。562年（欽明《きんめい》天皇23）、馬飼首《うまかいのおびと》という歌詠みの子供である守石《もりし》・中瀬氷《なせひ》兄弟が「火刑」を宣告されたが、この年、馬飼首の妻・逢臣讃岐《あうのおみさぬき》の鞍の下に掛けている布が皇后のものであるとい告発があったことが発端だった。馬飼首は捕えられて拷問されたが、

若《も》し是《こ》れ実ならば、必ず天の災《わざわい》を被《こうむ》らむ

と無実を訴えた。しかし、彼の主張は聞き入れられず、「遂《つい》に苦問《せめとい》因りて地に伏して死」んでしまった。「苦問」とは厳しい拷問のことで、拷問に耐え切れずに獄死したというわけだ。そして、馬飼首の死後間もなく大殿に火災が起き、朝廷は馬飼首の子である守石と中瀬氷が、父の死を怨んで火をつけたとして、二人を捕えた。『日本書紀』には次のように書かれている。

将《まさ》に火中に投《なげい》れむとして、咒《かし》りて曰《いわ》く、吾が手をもちて投るるに非《あら》ず。祝《はふり》の手を以て投るるなり

今まさに火の中に投げ入れようとして、呪詛して「わが手が投げ入れるのではない。祝《はふり》（神職）の手が投げ入れるのだ」と言った、という意味である。この場合は、石川楯と池津媛のように両手足を張り付けて焼き殺すのではなく、生きながら火の中に投げ入れるという処刑法だ。ただし、この二人は、母親の嘆願もあって処刑を中止され、神奴《しんど》（神社に仕える賤民《せんみん》）になることで落着した。『日本書紀』の記事を見る限り、生きた人間を火にかけて殺すという残虐な方法が、すでに古代の日本にもあったことは確かであろう。

「盟神探湯《くかたち》」という熱湯を使った拷問

天皇の忠臣として著名な武内宿禰《たけのうちのすくね》が「盟神探湯《くかたち》」を行ったことがあった

景行《けいこう》天皇から仁徳《にんとく》天皇まで5代の天皇に仕えたとされる家臣に、武内宿禰《たけのうちのすくね》という人物がいる。応神《おうじん》天皇9年（5世紀初め頃か？）、権力の中枢で強大な力を握っていた武内宿禰に対し、異母弟の甘美内《うましうち》宿禰《すくね》が、武内宿禰が逆心を謀っていると告発した。武内宿禰は無実を訴えたが、甘美内宿禰も譲らず、その結果、天皇は「盟神探湯《くかたち》」という方法で、どちらが正しいのかを判断することにした。

盟神探湯とは、古代に行われた拷責の一種で、熱湯の中に手を入れて、火傷を負うか負わないかで、その人の嘘を見破ろうとする方法である。盟神探湯を行うための「玖珂瓮《くがへ》」（探湯瓮とも）という専用の釜もあったという。

『日本書紀』には次のようにある。

武内宿禰《たけのうちのすくね》、甘美内宿禰《うましうちのすくね》と共に磯城《しき》川のほとりに出でて探湯《くかたち》を為《な》す

盟神探湯の結果、武内宿禰の言い分が正しいと決まり、武内宿禰は大刀をとって甘美内宿禰を殺そうとしたが、応神天皇が諫めて、甘美内宿禰は奴婢《ぬひ》（奴隷のこと）の身分に落とされ、命拾いしたという。

室町時代の1445年（文安《ぶんあん》1）に編纂された『壒嚢抄《あいのうしょう》』という史料に「當時起請《とうじきしょう》卜云《いう》事ハ昔モアリケル歟《か》」と書かれている。「起請」とは、室町時代から江戸時代初期にかけて行われた、盟神探湯に似た神判方法だが（94ページ参照）、そこで武内宿禰と甘美内宿禰のエピソードが取り上げられており、この話は中世社会ではよく知られたものだったようだ。

盟神探湯のやり方としては、熱湯に手を入れるほかに、「埿《うひじ》を釜に納《い》れて煮沸して手をかかげて湯の埿を探」るという方法もあった（『日本書紀』）。埿は泥のことで、熱湯の中に入れられた泥を、釜に手を突っ込んで探り出すという方法である。単に熱湯に手に入れるよりも厳しい方法といえるだろう。また、熱湯ではなく、「斧《よき》を火の色に焼きて掌《てのひら》に置く」という方法もあった（『日本書紀』）。鉄の斧を焼いて、それを掌に置くわけで、火傷《やけど》しないはずがない。嘘を見破るというより、無理やり嘘を認めさせる方法であるといえる。

応神天皇の孫・允恭《いんぎょう》天皇の時代にも、盟神探湯の記事がある。允恭天皇4年（5世紀中頃）、氏姓の乱れが顕著になってきたため、それを正さなければならなくなった。そこで天皇は、

諸《もろもろ》氏姓の人等沐浴《ゆかはあ》み斎戒《きよまは》りて、各盟神探湯を為《な》せ

という詔《みことのり》を出した。「もろもろの氏姓の人たちは、心身を清めて盟神探湯をせよ」という意味で、盟神探湯をして、嘘偽りのない氏姓であることを証明しろというわけだ。そこで、味橿丘《あまかしのおか》の辭禍戸岬《ことのまがとのさき》（現在の奈良県明日香村付近と考えられる）というところに探湯瓮《くがへ》を置き、「偽者必害」（偽りの者は必ず損害を受ける）という宣言のもとに盟神探湯が行われた。そして一人一人、盟神探湯を行うと、偽っていた者はみな宣言どおりに火傷をしたので、氏姓を偽っていた者は尻込みして逃げ出してしまったということである。その後、氏姓は正しく定まり、偽る者はいなくなったという。

盟神探湯は神に審判を仰ぐという古代人の発想から生まれたものである。沸騰した湯のなかに手を入れたり、焼いた斧を手のひらに載せたりして無傷でいられる者は少ない。つまり、盟神探湯とは、有罪と目星をつけた罪人に自白を強要するための、神の名を借りた拷問だったということである。

一方で、罪を犯して捕えられれば、熱湯のなかに手を入れなければならず、神に対する畏怖心が尋常でなかった当時であれば、十分な犯罪抑止力になったことだろう。当時の為政者が期待したのも、その威嚇的な効果だったのではないだろうか。

古代日本でも行われた「水責め」

水中に入れたり出したりして責められた古代の人々

拷問の方法として西洋でも盛んに行われた「水責め」は、古代日本でも行われていたとする史料がある。それが『播磨国風土記《はりまくにふどき》』だ。

『播磨国風土記』とは、各国別にまとめられた古代の地誌の播磨国版で、奈良時代初期に編纂されたものである。

そのなかに、仁徳《にんとく》天皇の時代（5世紀前半頃）の話として、次のような記事がある。

難波高津宮《なにわたかつのみや》天皇之世、伯耆加具漏《ほうきかぐろ》、因幡邑由胡《いなばおゆこ》の二人、大いに驕《おご》り節《せつ》無く、清酒を以て手足を洗い、是に於いて朝庭、過度の為を以て、狭井連《さいのむらじ》佐夜《さよ》を遣《つかは》し、此二人を召し、爾時《このとき》佐夜、仍《よ》って二人之族を悉《ことごとく》禁し、参赴之時《まいおもむきしとき》、屢《しばしば》清水中酷拷《みずのなかこくごうす》

難波高津宮《なにわたかつのみや》天皇は仁徳天皇のこと。仁徳天皇の時代に、伯耆加具漏《ほうきかぐろ》と因幡邑由胡《いなばおゆこ》という人物がいて、二人は驕奢《きょうしゃ》にふけり節度を守らなかったという。そして清酒で手足を洗ったことで、朝廷はこれを行き過ぎた行為とみなし、狭井連《さいのむらじ》佐夜《さよ》を派遣して、二人を召し取った。そのとき佐夜は、二人の一族もことごとく捕らえた。そして佐夜は、二人の一族をしばしば水中に入れる拷問を行ったと書かれている。つまり、「水責め」を行ったということである。

　このとき一族にくわえられた水責めが、どのようなものだったかは書かれていないが、「清水中酷拷《しみずのなかこくごうす》」とあるので、水のなかに入れたり出したりする拷問だったことは想像がつく。

　また、この話は地名発祥の話のひとつとして紹介されているのだが、「所溺之處《かづくところ》、即《すなわち》美加都岐原《みかづきはら》と號《なづく》」という一文で話はしめられている。「溺れさせたところを、美加都岐原《みかづきはら》と名付けた」という意味だ。「溺」は「かづく」と読み、「かづく」には水の中に潜らせるという意味がある。ここからも、水中に入れたり出したりして溺れさせるような拷問が行われたことがうかがえる。

　同じく仁徳天皇の時代の話だが、淀川の氾濫を防ぐために、天皇が茨田堤《まんだつつみ》という堤防を作らせたことがあった。しかし、築いてもすぐに壊れてしまうところが二カ所あり、天皇は武蔵《むさし》の人強頸《こわくび》と河内《かわち》の人茨田連衫子《まんだのむらじころものこ》の二人を人柱として生贄《いけにえ》にすればいいという夢を見て、実践した。『日本書紀』には、

爰《ここ》に強頸《こわくび》泣き悲《かなし》みて水に没《ひた》りて死《みまか》りぬ

と書かれている。つまり、強頸を水責めにして処刑したというわけだ。

記紀に書かれた古代の拷問と処刑

大化の改新では拷問も法制化された

明文化された日本の刑罰として知られるのは、701年（大宝《たいほう》1）に制定された「大宝律令《たいほうりつりょう》」だが、『日本書紀《にほんしょき》』によると、646年（大化《たいか》2）に孝徳《こうとく》天皇が国司に対して出した詔《みことのり》に「笞杖《ちじょう》」という言葉が出てくる。

若《も》し誨《おし》ふる所に違《たが》はゞ、次官《すけ》以上をば其《そ》の爵位《しゃくい》を降《おと》し、主典《ふびと》以下をば其《か》の笞杖《ちじょう》と決《さだ》む

この文を訳すと、「もし命令に違反すれば、次官《すけ》以上は冠位を落とし、主典《ふびと》以下を笞杖と定めた」となる。「笞」と「杖」はいずれも「鞭打ち」のことで、杖のほうが笞よりも太い。この記事を見る限り、継体《けいたい》天皇（507年即位）以来、中央集権化を進めていた大和朝廷では、刑罰も明文化されていたと考えられる。

さらに、682年（天武《てんむ》天皇11）に出された詔には、

凡《およ》そ法《のり》を犯す者を糺彈《ただ》せん、或《ある》いは禁省《おほうち》の中《ところ》或いは朝庭《まつりごと》の中にも、其《そ》の過失《あやまち》發《おこ》らむ處《ところ》に於いて、即《すなわ》ち見るに随《したが》い聞くに随い、匿《かく》し蔽《おお》ふことむく糺彈《ただ》せ。其の重きことを犯しし者あらば、請《こう》すべきは則ち請し、捕ふべきは則ち捉《かす》ゐよ。若《も》し對捍《たいかん》を以て捕はれずば、當處《そのところ》の兵を起して之を捕へよ。杖色《ふとつえのしな》に當《あた》らば、乃《すなわ》ち杖一百以下は節級《しなじな》して之《これ》を決《う》て

という文がある。

「法を犯した者を取り調べるときには内裏《だいり》でも政庁でも、事件が起こったところで見聞きしたとおりに隠すことなく取り調べよ。請すべき場合は請し、捕えるべき場合は逮捕せよ。もし抵抗する者がいれば、そこの兵を動かして捕えよ。杖罪に相当する場合は、百以下、等級に従って打て」という意味だ。「請《こう》」は五位以上の貴族が受けられる刑法上の特権のことである。

杖の罪に相当する場合は100回以下の笞打ちとなっており、すでに拷問を含む刑罰の制度が定まっていたことがわかる。

手や足、首を固定して苦しめる「枷《かせ》」という拷問器具の登場

拷問具としても使われる「枷《かせ》」が登場したのも、この頃のことだ。

649年（大化5）3月、孝徳《こうとく》天皇の重臣・蘇我日向《そがのひむか》（蘇我馬子《うまこ》の孫）が、「異母兄の蘇我倉山田石《くらやまだいし》川麻呂《かわまろ》が皇太子（中大兄皇子《なかのおおえのみこ》）を殺害しようとしている」と告発した。中大兄皇子が大伴狛連《おおとものこまのむらじ》、三国《みくに》

麻呂公《まろのきみ》、穂積噛臣《ほづみくいのおみ》を石川麻呂のもとに派遣し、事の真偽を確かめさせたところ、石川麻呂は「返事は直接天皇の前でする」と返答したため、皇子は天皇に報告して兵を出し、石川麻呂邸を取り囲んだ。結局、石川麻呂は自害し、妻子ら8人が殉死した。

このとき、討伐軍の穂積噛臣が石川麻呂の家臣らを拉致し、「枷」を首にはめて後ろ手に縛りあげたという（『日本書紀』には「枷を着せ反縛す」と書かれている）。ここで「枷」は罪人を連行する際に使われたと読めるが、拉致した後に「枷」をはめ、後ろ手に縛りあげていることから、彼らに拷問が行われた可能性も捨てきれない。

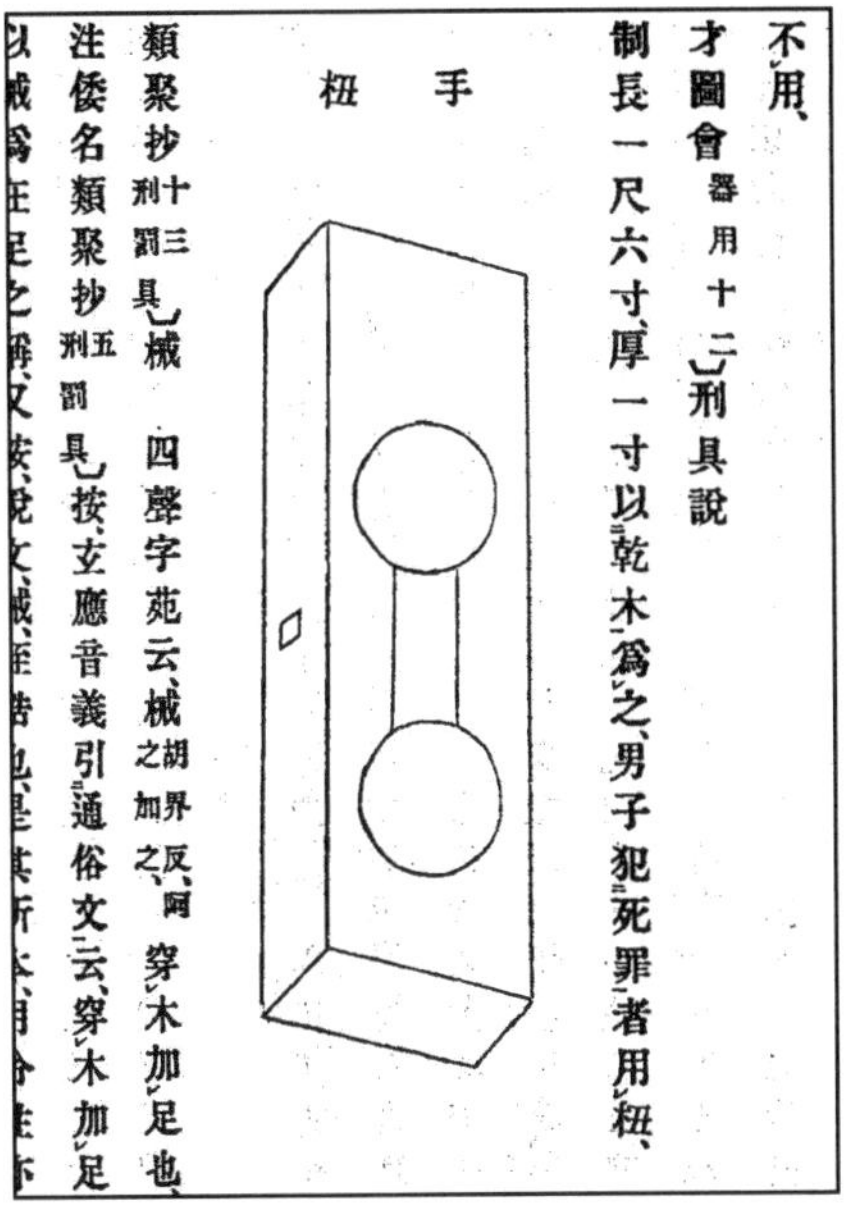

『古事類苑』（国立国会図書館蔵）所収の手枷。

中国王朝の隋《ずい》の歴史書である『隋書』にも、7世紀前半の日本の拷問に関する記述があり、その中に、

不承引者、以木壓膝、或張強弓、以弦鋸其項。或置小石於沸湯中、令所競者探之、云理曲者即手爛。或置蛇甕中、令取之、云曲者即螫手矣

という一文がある。

これを意訳すると、「罪を認めない者は木で膝を圧迫し、あるいは強弓《こわゆみ》（引くのに強い力を必要とす

る弓）の弦《つる》を張って弦で項《くびすじ》を撃った。あるいは沸騰した湯のなかに小石を置き、競い合う者にこれを探させた。曲者であればすぐに手がただれるのだという。あるいは蛇を甕《かめ》の中に入れておき、これを取らせる。曲者であれば手をかまれるという」という意味になる。

木で膝を圧迫するというのは、江戸時代に行われていた「石抱き責め」（第5章参照）のようなものと考えていいだろう。いくつも木を重ねたり、あるいは木の上に人が乗ったりして膝を圧迫し、罪人を苦しめたというわけだ。

湯の中の小石を取るのは、すでに説明した「盟神探湯《くかたち》」のことで、蛇が入った甕のなかに手を入れさせるのは、盟神探湯が発展した刑罰、あるいは拷問の一種であろう。当時の日本でさまざまな拷問が行われていたことがうかがえる記事である。

古代ではあまりなかった「絞首」の実態

現代の処刑の手段として認められているのは「絞首刑」だけだが、古代では一般的な方法ではなく、史料上は稀である。

628年（推古《すいこ》天皇36）、推古天皇の死後、その後継をめぐって田村《たむら》皇子（のちの舒明《じょめい》天皇。敏達《びだつ》天皇の孫）と山背大兄王《やましろのおおえのおう》（聖徳太子〔厩戸王《うまやどおう》〕の子、用明《ようめい》天皇の孫）の二人の間で争いが起こった。朝廷の実力者であった大臣《おおおみ》・蘇我蝦夷《えみし》は田村皇子を推したが、群臣の間では意見が分かれ、そんな折、境部臣摩理勢《さかいべのおみまりせ》が蝦夷を裏切って、山背大兄王の側についた。怒った蝦夷は摩理勢討伐の兵を挙げ、捕らえた摩理勢を絞殺刑に処したという。『日本書紀』には、

大臣将《おおおみ》に境部臣《さかいべのおみ》を殺さむとして、兵を興《おこ》して遣《つかわ》す。境部臣、軍至ると聞きて仲子《なかちこにあたる》阿椰《あや》を率ゐて門に出で、胡床《あぐら》に坐《ゐ》て待つ。時に軍至りて、乃《すなわ》ち來目物部伊区比《くめのもののべのいくひ》をして絞《くび》らしめ

とあり、蝦夷の命を受けた物部伊区比《もののべのいくひ》という者が摩理勢を絞殺したと書かれている。また、前述した蘇我倉山田石川麻呂の事件では、絞首された者は9人にのぼったともいう。

658年（斉明《さいめい》天皇4）、孝徳天皇の皇子・有間《ありま》皇子が謀反の疑いをかけられて殺されるという事件が起こった。当時、権力の中枢にいたのは斉明天皇の子・中大兄皇子（のちの天智《てんじ》天皇）だが、中大兄皇子と孝徳天皇は政治的に対立しており、孝徳天皇は政争に敗れて失意のうちに死んでしまった。そのため有間皇子は、中大兄皇子から距離を置き、病気療養と称して紀伊《きい》国に引っ込んでいたのである。そこに、蘇我赤兄《あかえ》（蘇我馬子の孫）が謀反を起こすようにそそのかし、有間皇子は挙兵の意志を伝えたのだが、赤兄は有間皇子を裏切って中大兄皇子に密告、有間皇子は捕えられてしまう。

詮議の結果、有間皇子は処刑されることになったのだが、『日本書紀』は、有間皇子の死を次のように書き記している。

庚寅《かのえとら》、丹比小澤連国襲《たぢひのおさわのむらじくにそ》を遣《つかわ》して有間皇子を藤白坂《ふじしろのさか》に絞《くび》らしむ

有間皇子は藤白坂《ふじしろのさか》という地で「絞首」されたということだ。前天皇の第一皇子という高貴な人物でさえ、首を絞められて処刑されたのである。

処刑を好んだ残虐王「雄略天皇」と「武烈天皇」

兄と従兄弟たちを次々に殺した天皇

宮中に入れようとしていた女性に密通されたため、その女性と相手の男を火刑で処刑した雄略《ゆうりゃく》天皇だが（22ページ参照）、『日本書紀』にはほかにも雄略天皇の残虐なエピソードが残されている。

雄略天皇は5世紀中頃の天皇で、中国王朝の宋《そう》に使節を派遣した「倭《わ》の五王《ごおう》」のひとりとしても知られている。『日本書紀』によると、雄略天皇は生来気性が激しい人物で、「天皇心を以て師と為《な》し、誤りて人を殺したまふこと衆《おお》し」（自分の心だけを師となし〔自分だけで専決し〕、間違えて人を殺すことも多かった）と書かれている。そのため雄略天皇は「大悪《はなはだあしき》天皇」と記されている。歴史上、「悪」は悪い意味で使われないこともあり、藤原頼長《ふじわらのよりなが》を「悪左府《あくさふ》」と呼んだり、源義平《みなもとのよしひら》を「悪源太《あくげんた》」と呼んだりするが、この場合の「悪」は「力が強い」という意味で、賞賛の気持ちを込めて「悪」と名付けられている。しかし、雄略天皇の場合の「悪」は、人々が誹謗《ひぼう》したと書かれていることから考えても、悪い意味での「悪」であり、「大変悪い天皇だった」という意味にとっていいだろう。つまり、雄略天皇は日本の正史に書かれるほど評判の悪い天皇だったというわけだ。

雄略天皇は允恭《いんぎょう》天皇の皇子で、4人の兄がいた。允恭天皇の死後、次兄の穴穂皇子《あなほのみこ》が跡を継いだが（安康天皇《あんこう》）、安康天皇は後継を決めないまま急死してしまう。そこで雄略天皇は、まず同母兄の八釣《やつりの》白彦皇子《しろひこのみこ》を攻めて殺害した。『古事記』には、このときの皇子の死にざまが次のように書かれている。

穴を掘《ほり》て立ちながらに埋みしかば、腰を埋むる時に至りて、両の目走り抜けて死にたまへり

「穴を掘って立ったまま生き埋めにしたところ、腰まで埋めたところで両目が飛び出して死んでしまった」という意味になる。八釣白彦皇子は生き埋めにされて殺されたのだが、両目が飛び出すほどの苦しみだったというから残酷な話である。

続いて雄略天皇は、もう一人の同母兄・坂合黒彦《さかいのくろひこ》皇子が逃げ込んだ円大臣《つぶらのおおおみ》の館を焼いて、皇子を焼き殺した。このとき、仁徳《にんとく》天皇の孫（雄略天皇の従兄弟）・眉輪王《まよわのおおきみ》も一緒に焼き殺している。

さらに雄略天皇は、履中《りちゅう》天皇の子（雄略天皇の従兄弟）・市辺押磐皇子《いちのへのおしはのみこ》を狩りに誘い出して、猪を撃つふりをして皇子を殺害した。『古事記』によると、「其の身を切り、馬槽《うまふね》に入れて平地と等しく埋めたり」とあり、皇子を殺した後に死体を切り刻んで馬の飼い葉桶に入れて埋めたとされる。

「ひとつも善きことをしなかった」と書かれた武烈天皇

雄略天皇の4代後の天皇が武烈《ぶれつ》天皇である。この武烈天皇が、雄略天皇以上の暴君であったと『日本書紀』は記している。「諸悪を造《な》したまひて、一善を修めたまはず」（もろもろの悪いことをして、ひとつも善きことをしなかった）と書かれているほどだ。あるときは妊婦の腹を裂いて胎児を取り出し、生爪を剥いでその指でヤマイモを掘らせ、人の髪の毛を抜いて木に登らせて、その木を切り倒して殺したときには、「快《たのしび》と為《し》たまふ」（楽しみとなさった）とまで書かれている。また、水路に人を投げ入れて外に流れ出てきたところを矛《ほこ》で刺殺したこともあったといい、このときも「快と為す」と書かれている。

そのほかにも、『日本書紀』には武烈天皇の悪行が並べられている。しかし、武烈天皇のエピソードについては、次の継体《けいたい》天皇（26代天皇）の皇位継承を正当化するために、武烈天皇をことさらに悪逆王に仕立てたとする説が有力である。継体天皇は応神天皇の5世の子孫という傍系の出身だったからだ。

また、雄略天皇の残虐性には言及している『古事記』が、武烈天皇については事績を何ひとつ伝えていないことにも注意が必要であろう。

雄略天皇

武烈天皇

雄略天皇陵（大阪府羽曳野市）

第2章
貴族社会の拷問と処刑
——王朝絵巻の裏に隠された歴史

奈良・平安

法律で定められた「笞《ち》」と「杖《じょう》」という拷問

鞭で打つときは、鞭の大きさと打つ回数が決められていた

645年（大化《たいか》1）、乙巳《いっし》の変（蘇我入鹿《そがのいるか》が中臣鎌足《なかとみのかまたり》らによって暗殺された事件）によって氏族支配の政治は終焉を迎えた。実権を握った中大兄皇子《なかのおおえのみこ》らは天皇を中心とした中央集権国家の確立をめざし、701年（大宝《たいほう》1）の「大宝律令《たいほうりつりょう》」の制定で一応の完成をみる。

この大宝律令の制定が、日本の拷問と処刑の歴史においても転換点となった。それまでは豪族たちが勝手に処刑を行ったり、拷問を加えたりしていたのだが、大宝律令によって表向きは処刑や拷問は国が管理することになったのである。

はじめて拷問と処刑が法制化されたという点でも、大宝律令の制定は画期的であった。

律令制下で定められた拷問を「笞杖《ちじょう》」という。笞とは、罪人を笞《むち》で打ちつけることで、律令では笞刑、あるいは笞罪といった。笞打ちの拷問自体は飛鳥時代から行われており、『日本書紀』には6世紀後半の話として、物部守屋《もののべのもりや》が仏教弾圧の際に、仏僧を笞で打ったという記録が残っている。

律令で定められた笞打ちは、使用する笞にも規定があり、長さは3尺5寸（約106センチメートル）、

太さは太いところで3分（約9ミリメートル）、細いところで2分（約4ミリメートル）と、わりと細かく決められていた。

罪人は、「梏《こく》」（足枷《あしかせ》のこと）をはめられるなど逃げられない状態にされて、臀部を笞で打たれた。罪の重さによって笞打ちの回数は決められていて、軽いほうから10回、20回、30回、40回、50回の5段階となっていた。なお、梏の大きさも決められていて、長さは1尺2寸（約36・3センチメートル）以上1尺8寸（約54・5センチメートル）以下とされた。

自白を得るために笞打ちを行う場合は、笞刑で使用される笞よりひと回り大きいものが使われ、背中と臀部を分けて同数ずつ打ちつけた。

「笞杖」の「杖」は、文字どおり杖で罪人を打ちつけることで、杖刑という。これは、竹製の杖で罪人の臀部を打ちつける拷問で、使用される杖は、長さは笞刑で用いられる笞と同じだが、太さは太いところで4分（約12ミリメートル）、細いところで3分（約9ミリメートル）となっていた。

そして、杖で打ちつける回数は、もっとも軽い杖刑で60回、そこから罪が重くなるごとに10回ずつ増え、70回、80回、90回、100回の5段階と定められた。

また、笞と同じように、自白を得るための拷問にも使用された。その際、尋問の回数は3回まで、叩く回数は200回までとなっており、また、罪状が杖刑以下の場合に杖を使うことは許されなかった。つまり、罪状が笞刑の場合の拷問には笞が、杖刑の場合には杖というように使い分けられていたのだ。

そして、拷問で使われた杖は訊杖《じんじょう》と呼ばれ、刑罰で使われた常行杖《じょうぎょうじょう》と区別されていた。なお、「杖はみな節目を削り去ること」と規定されており、罪人の皮膚が破れないよう節目の凹凸は削られていたという。とはいえ、100回も笞や杖で打たれれば、皮膚は当然破れ、罪人は流血した。

笞も杖も、打たれるだけでは致命傷に至ることは多くないが、60回も討たれれば少なくとも当日は起き上がることができないほどのダメージとなったといい、過酷な拷問であったことに変わりはない。

高級貴族にも行われた「笞打ち」の拷問

866年（貞観《じょうがん》8）、朝堂院《ちょうどういん》の正門である応天門《おうてんもん》が放火されるという事件が起こった。朝堂院とは、朝廷が政務を執ったり重要な儀式を行ったりする重要な場所で、その正門が放火されるというのは未曽有の大事件だったといえる。

事件当時、大納言《だいなごん》という高位にいた伴善男《とものよしお》は、左大臣・源信《みなもとのまこと》を犯人として告発した。しかし、太政《だじょう》大臣《だいじん》・藤原良房《ふじわらのよしふさ》は源信を擁護し、逆に伴善男を犯人とした。伴善男は犯行を否認したが、拷問にかけられて自白し、伊豆《いず》に流罪となった。『保元《ほうげん》物語』には、

水尾《みずのお》天皇の御時、貞観《じょうがん》八年閏《うるう》三月十日の夜、応天門の焼けたりけるを、大納言伴の善男卿、造意の嫌疑ありければ、使庁にて拷訊《ごうじん》せられける例とぞ聞こゆる

とあり、伴善男に「拷訊《ごうじん》」がくわえられたことが書かれている。「造意」は悪事をたくらむこと、「使庁」は検非違使《けびいし》庁（京の治安維持を図るための役職）のこと、「拷訊」は「杖打ち」のことだ。『保元物語』は、応天門の変から200年以上も後に起きた保元の乱のことを書いた本だが、大納言という要職についていた高級貴族に対して拷問がくわえられたことは稀有な事例であったため、朝廷の中でも長い

応天門の変で、伴善男を逮捕に向かう検非違使一行。(『伴大納言絵詞』〔模写〕部分、国立国会図書館蔵)

間語り継がれていたのだろう。

また、『宇治拾遺《うじしゅうい》物語』には次のような話が載っている。

あるとき、京都の金箔打ちの男が、持ち出し禁止の山から金を持ち帰った。その後、検非違使が東寺《とうじ》に仏像を作るために金箔を欲していることを聞きつけた男は、持ち帰った金を売ろうと考え、検非違使のところへ行った。しかし、係官がその金を調べると、表面に「金の御嶽《みたけ》」と小さい文字が書かれている。この文字は何かと係官が聞くと、男は驚いて黙り込んでしまい、不審に思った係官が長官に報告すると、長官は「早く河原に出で行きて問へ」と指示し、この男を拷問にかけた。

このときの拷問の様子が、次のように描写されている。

よせばしら掘り立てて、身を働《うご》かさぬやうにはりつけて七十度の勘《かうじ》をへければ背中は紅の練単衣《ねりひとえ》を水にぬらして著《き》せたるやうにみさみ

さとなりてありけるを重ねて獄に入れたりければ、僅《わずか》に十日ばかりありて死にけり

「勘《かうじ》」とは「勘事」のことで、拷問という意味だ。「七十度の勘」とあるので、行われたのは笞打ちであることがわかる。「よせばしら」は「寄せ柱」と書き、馬などをつないでおくための柱のことだが、このときは男を張り付けるために使われている。そして、笞打ちを70回行ったところ、「男の背中は水にぬれたまっ赤な着物を着せたようにぐっしょりと血に濡れた」と書かれており、着物がまっ赤に染まるほどの流血をともなったことがわかる。その後、牢屋に入れられた男は10日ほどで死んでしまったという。また、この話からは、杖による拷問を行うときは、柱に縛るなど動けないようにしてから行われたこともわかる。

鎌倉時代末期に書かれた『徒然草《つれづれぐさ》』(兼好法師《けんこうほうし》による随筆)に、

犯人をしもとにてうつ時は、拷器《ごうき》によせてゆひつくるなり。拷器の様も寄する作法も今はわきまへ知れる人なし

という記事がある。「しもと」は「笞」のことである。これを訳すと、「犯人を笞打ちするときは、拷器に寄せて結わえ付ける。拷器の外見も拷器に結わえ付ける方法も今は知る人はいなくなった」という意味になる。

兼好法師が生きたのは鎌倉時代末期から室町時代にかけてだが、この時代には、律令制下で行われていた笞打ちの拷問はなくなっていたということであろう。

「笞《ち》」「杖《じょう》」の拷問は規定通りに行われたのか

橘奈良麻呂の変で連座した元皇太子が拷問で死去

笞《むち》や杖《じょう》で打つ回数は決められていたとはいえ、それはあくまで表向きのこと。当時、断罪のためには必ず自白が必要とされており、非公式な拷問がなされていたことは想像に難くない。拷問が禁止された明治時代以降も拷問が横行していたことを考えれば容易に想像がつくだろう。

749年（天平勝宝《てんぴょうしょうほう》1）に孝謙《こうけん》天皇が即位すると、藤原仲麻呂《なかまろ》が急速に台頭し、前天皇である聖武天皇時代の権力者・橘諸兄《たちばなのもろえ》を圧倒するようになった。諸兄は中傷されて官を辞し、失意のうちに死去したが、諸兄の子・橘奈良麻呂《ならまろ》は仲麻呂の台頭に不満を募らせるようになっていった。

そして757年（天平宝字《てんぴょうほうじ》1）、奈良麻呂が謀反を計画していると孝謙天皇に密告する者があり、仲麻呂は、奈良麻呂に近かった貴族・小野東人《おののあずまひと》を捕えて尋問した。東人は当初は無実を訴え、孝謙天皇もいったんは許したが、仲麻呂は納得せず、中納言・藤原永手《ながて》にさらに東人を追及させた。

厳しい拷問が行われた結果、東人は謀反の計画を暴露。仲麻呂は、前の皇太子・道祖《ふなど》王をはじめ黄文《きぶみ》王、安宿《あすかべ》王の皇族、大伴古麻呂《おおとものこまろ》、多治比犢養《たじひのうしかい》、佐伯全成《さえきのまたなり》らの貴族を捕らえ、奈良麻呂も拘引した。彼らには杖で全身を何度も打たれる拷問がくわえられ、道祖王と黄文王、大伴古麻呂、小野東人らは拷問のすえに死去したという。『続日本紀《しょくにほんぎ》』には奈良麻呂の死は書かれていないが、奈良麻呂はこの記事以降登場しないので、このとき奈良麻呂も拷問死したと考えられる。

令制によれば、拷問は間に休みを入れて3回まで、笞で打つのも200回までと決められていたが、これだけの人数が打ち殺されていることから、このルールが守られなかったことは明白であろう。皇族まで拷問にかけられており、しかも道祖王は以前の皇太子である。これほど高い身分の人物までも拷問を受け、しかも拷問死したというのだから、当時の苛烈さがしのばれよう。

また、『日本後紀《にほんこうき》』にも、拷問で死んだ人物の記事がある。807年(大同《だいどう》2)、桓武《かんむ》天皇の皇子・伊予《いよ》親王が謀反を計画した疑いで逮捕されるという事件が起こった。親王は無実を主張したが聞き入れられず、母とともについに自殺してしまった。この事件で、多くの貴族が訊問されたが、そのなかに親王の侍従《じじゅう》だった中臣王《なかとみおう》という人物がいた。中臣王は厳しい拷問を受けたすえに、拷問死したとされるが、『日本後紀』には、次のように書かれている。

時の嬖臣《へいしん》、帝を激《はげま》し、大杖を加えしむ。王、背が崩れ爛《ただ》れ死す

「嬖臣《へいしん》」は側近のこと、「帝」は平城《へいぜい》天皇のこと、「王」は中臣王のことだ。平城天皇は伊予親王の異母兄にあたる。中臣王は大杖の拷問を加えられた結果、背中がただれて死んでしまったというのである。わざわざ「大杖」と書くからには、ただの「杖」よりも大きな杖で打たれたことがわかる。背中の皮が破れてただれ、結果的に死んでしまうほどの厳しい拷問だったということだ。

律に規定されなかったその他の拷問

足の関節を痛めつける拷問と火責め

律令《りつりょう》制下で規定された拷問は笞《ち》と杖《じょう》だけだが、そのほかの拷問が行われたこともわかっている。たとえば、『今昔《こんじゃく》物語集』に次のような話が残されている。

10世紀後半、ある念仏聖《ねんぶつひじり》（寺に定住しない浄土教の僧）が山の中で強盗を働き、被害者の男を殺害してしまった。念仏聖は「今はよも人も不知《しら》じ」（もう知る者もいない）と思える場所まで逃げて、ある家に泊めてもらう。しかし、その家こそが被害者の家であり、被害者の妻は、念仏聖が来ている服の袖口が夫が着ていったものと似ていたので、隣人に助けを求めた。

隣人の男は村の若い衆4、5人を引き連れて念仏聖を「只縛《ただしば》りに縛《しばり》て」（がんじがらめに縛り上げて）、「足を交《はさみ》て」問いただした。「足を交む」とは、足の関節あたりを締め付ける拷問である。庶民が僧侶に対して拷問を加えて問いただしたということだ。

しかし、念仏聖がしらを切ったため、さらに拷問が加えられることになった。このときの拷問が、「法師の頂の上に坏《つき》に火を入れて置て問」うというものであった。これは火を入れた皿を頭の上に載せて責める、一種の「火責め」である。室町時代の『庭訓往来抄《ていきんおうらいしょう》』に書かれている「拷訊《ごうじん》」と呼ばれる拷問を彷彿とさせる拷問である（「拷訊」については第3章参照）。

火の入った皿を頭頂部に載せるのは至難の業なので、仰向けに組み伏せて額の上に載せたか、あるいはうつ伏せに押さえつけて後頭部に載せたものと思われる。念仏聖は「熱さに不堪《たえず》して」ついに白状したという。

後世の農民を苦しめた「木馬責め」が平安時代にもあった

鎌倉時代以降、年貢を納めない農民に対する拷問に「木馬責め」というものがあった。木馬の背を鋭く尖らせて、そこに犠牲者を乗せるという拷問である。この木馬だが、実は平安時代の頃から存在していた。

『十訓抄《じっきんしょう》』（鎌倉時代中期に成立した説話集）に、平安時代後期の人で成方《なりかた》という笛吹きの話がある。笛の名人だった成方は、時の権力者・藤原道長《みちなが》から笛をもらったのだが、その笛を藤原俊綱《としつな》という貴族がほしがった。成方が断ったところ、俊綱は「売るべきよしいひけり」（売ろうということを、お前は言った）と言いがかりをつけ、成方がそんなことは言っていないと申し開きをすると、俊綱は怒って、「人を欺《あざむ》きすかすはその咎《とが》軽からぬことなりとて、雑色所《ぞうしきどころ》へくだして木馬に乗せん」としたと書かれている。「人を騙す罪は軽くはないと言って、雑色所（政所《まんどころ》の下部機関）へくだして木馬に乗せよう」としたということだ。

ここでいう「木馬」は、いわゆる「木馬責め」に使う木馬のことであると考えていいだろう。

大宝律令で定められた二つの処刑法

現代の方法とは違うやり方だった古代の「絞首」の方法

大宝律令《たいほうりつりょう》では、拷問だけでなく処刑の方法も規定された。

大宝律令で定められた処刑法は、「絞首《こうしゅ》」と「斬首《ざんしゅ》」の二つである。このうち、斬首のほうがより罪が重い者に課せられた。当時の日本人は、頭と身体が離れてしまうと再生は不可能であるとする中国的な思想をもっていたためと考えられている。たとえば、盗みを犯した場合、最高刑は絞首だったが、これが強盗殺人になると、斬首となった。

絞首とは、文字どおり首を絞めて殺す処刑法だが、現在行われている「絞首刑」とはやり方が違った。律令制下の絞首は、罪人を後ろ手に縛って座らせて、罪人の首に2本の縄を巻き付け、その縄を両側からろくろを回すように巻き上げて処刑するという方法だった。現代の絞首刑と比べると、絶命までに時間がかかる方法だが、古代の日本ではこんな残酷な処刑が行われていたのである。

斬首は刀で首を斬り落とす処刑法で、原則として人々が多く集まるところで見せしめとして執行された。律令には、後世に登場する「獄門《ごくもん》」という付加刑はなく、処刑されたあとの遺体は親族に返された。

古代中国で行われていた絞殺刑を描いたもの。これは中国でのものだが、日本でも同様の方法で絞殺が行われていたと考えられている。

７６５年（天平神護《てんぴょうじんご》１）、舎人《とねり》親王（天武《てんむ》天皇の子）の孫である和気《わけ》王という皇族が、謀反を計画するという事件が起こった。

計画が発覚すると、和気王はすぐさま逃亡したが、大和《やまと》国（現在の奈良県）の率河《いさがわ》神社に隠れていることを発見され、逮捕されるに至った。

詮議の結果、和気王は伊豆《いず》国への流罪と決まったが、『続日本紀《しょくにほんぎ》』には次のように書かれている。

伊豆国に流され、山背《やましろ》国相楽郡《さがらのこおり》に到りて之《これ》を絞《くび》らしむ

和気王は伊豆国へ流される途中の山城《やましろ》国（現在の京都府南部）で絞殺されたということだ。また、このとき、和気王の求めに応じてまじないをした紀益女《きのますめ》という巫女《みこ》も、同様に絞殺で処刑されている。

なお、新田部連米麻呂《にいたべのむらじこめまろ》らが連座して斬首で処刑されており、皇族の和気王が罪一等軽い絞首になったことがわかる。

「打ち殺し」という凄惨な処刑法があった

罪人が武器をもって反撃したときは「打ち殺し」てもよい

律令《りつりょう》に規定されていない処刑法に、「格殺《かくさつ》」というものがある。格殺とは、殴り殺すことをいい、「打ち殺し」ともいわれた壮絶な処刑法である。

殴り殺すと一言でいっても、人間は素手で殴られても、急所を外れればなかなか死なない。当時の格殺による死因まではわからないが、殴られ続けたことによる外傷性のショック死も多かったと思われ、長時間にわたって苦痛を伴ったことは想像に難くない。

格殺は、「律外の死刑」とも呼ばれる特殊な処刑法であった。いつ頃からはじまったのかは不明だが、鎌倉時代初期に書かれた『法曹至要抄《ほうそうしようしょう》』という法律書には、

捕亡律《ほもうりつ》に云《いわ》く、罪人を捕えるに罪人杖《じょう》を持ちて拒捍《こかん》せば、其《そ》の捕わる者之《これ》を格殺し、及び逃走するを逐《お》ふて殺せ

と書かれている。「捕亡律《ほもうりつ》によると、罪人を捕える際、罪人が杖を持って抵抗すれば格殺し、逃げた者は追って殺せ」という意味である。ちなみに、捕亡律とは、757年（養老《ようろう》1）に制定された「養老律令」に含まれる律のことだ。養老律令はその後、たびたび追加されているので、制定当時から格殺という処刑法があったかどうかはわからないが、平安時代以前から存在していたことは確かなようだ。

773年（宝亀《ほうき》4）、次のような太政官符《だじょうかんふ》が出されている。

行火《こうか》、盗賊を捕獲し、勘当《かんどう》得るもの有れば、宜《よ》く衆に示し格殺し、以て後悪を懲らしむべし

（『類聚三代格《るいじゅさんだいきゃく》』）

「行火《こうか》」は放火犯のこと、「勘当《かんどう》」は、罪の軽重に応じて刑を決定することである。「放火犯や窃盗犯を逮捕し、勘当して処罰すべきものがあれば、人々の前で格殺して後悪を懲らしめよ」という意味で、格殺が見せしめのために衆人の前で執行されていたことがうかがえる。

さらに779年（宝亀10）にも、格殺に関する太政官符が出されている。

水旱《すいかん》時ならず、神火《しんか》屡《しばしば》発《おこ》り、寔《まこと》に国郡司等職務を修めざるにより（中略）姦枉《かんおう》之輩《やから》、郡任を謀奪し、言《いわく》神火を寄せ、官物を多損す、今より以後、若《も》し此類《このたぐい》有れば、首従を論ぜず一皆打殺し、恩降《おんこう》に逢ふと雖《いえども》、赦例《しゃれい》を預ること勿《なか》れ

意訳すると、「神火《しんか》を起こして郡司《ぐんじ》の失脚を謀る者がいれば、主犯・従犯を問わず皆、打ち殺せ。恩赦や減刑が出ても適用しない」という意味になる。

「神火」は、郡家《ぐうけ》（朝廷の出先機関のこと）や公的施設に設置された穀物などを貯蔵する正倉と呼ばれる倉庫に放火する犯罪のことである。

当時、地方では神火が頻発しており、これを取り締まるための対策として、格殺が適用されたことがわかる。格殺は見せしめの意味もあったので、これによって犯罪の抑制を狙ったのであろう。

逃亡した殺人犯を追いかけたうえで打ち殺す

格殺の実例としては、７９３年（延暦《えんりゃく》12）の佐伯宿禰成人《さえきのすくねなりひと》殺しの記録が残っている。

内舎人《うどねり》（天皇の身辺警護にあたる役人）の山辺真人春日《やまべのまひとかすが》と春宮坊帯刀舎人《とうぐうぼうたちはきのとねり》（東宮を護衛する役人）の紀朝臣国《きのあそんくに》が、共謀して佐伯宿禰成人を殺し、２人はその日のうちに逃亡するという事件が起こった。

これに、時の天皇・桓武《かんむ》天皇が激怒して２人の捜索が開始され、２人は逃亡先の伊予国（現在の愛媛県）で捕縛された。『類聚国史《るいじゅこくし》』（平安時代中期に編纂された歴史書）には、次のように書かれている。

左衛士佐《さえじすけ》従五位上《じゅごいじょう》巨勢朝臣島人《こせのあそんしまひと》を遣《つかわ》し格殺す

桓武天皇は、左衛士佐《さえじすけ》（京などの警護にあたる役人）の巨勢朝臣島人《こせのあそんしまひと》を派遣して、２人を殴り殺したというのだ。当時の格殺の記録はこれだけだが、元慶《がんぎょう》年間（８７７〜８８５年）の法文上にも、格殺の適用が記述されており、少なくとも平安時代中期までは格殺が行われていたようだ。

「射殺」という方法で処刑された謀反人

藤原式家の家長が政争に敗れて弓で射殺される

８０７年（大同《だいどう》２）、時の天皇・平城《へいぜい》天皇の弟である伊予《いよ》親王の謀反が発覚し、親王が自害に追い込まれるという事件が起こった。この事件に連座して藤原宗成《むねなり》・藤原雄友《おとも》らが処罰され、藤原南家《なんけ》の勢力は衰退、代わって登場したのが、藤原式《しき》家の藤原仲成《なかなり》であった。そして仲成の妹・藤原薬子《くすこ》が平城天皇の寵愛を受けていたこともあり、仲成と薬子が朝政を独占するようになる。

しかし、彼らの天下も長くは続かなかった。仲成兄妹の必死の説得にもかかわらず、８０９年（大同４）に平城天皇が譲位して嵯峨《さが》天皇が即位したのである。上皇となった平城上皇は以前の都・平城京《へいじょうきょう》に移るが、しだいに嵯峨天皇と対立するようになり、翌年ついに上皇の命令として平城京への遷都を宣言した。驚いた嵯峨天皇は上皇側近の仲成を捕えると、平城上皇の先手を打って兵を起こし、上皇の目論見を阻止、上皇は出家し、薬子は服毒自殺を遂げた。

この事件を、薬子の変（平城太上天皇《へいぜいだいじょう》の変）というが、このとき仲成も処罰された。『日本後紀《にほんこうき》』には次のように書かれている。

仲成、禁所において射殺さる

つまり、仲成は射殺という方法で処刑されたのだった。すでに述べたように、大宝律令《たいほうりつりょう》で定められた処刑法は「斬《ざん》」と「絞《こう》」の2種類だけで、射殺は明文化された処刑法ではない。そのため、仲成の射殺は正式な処刑ではなかったと考えられる。当時、鉄砲はないから、射殺に使われたのは弓である。

なお、『今昔物語集《こんじゃくものがたりしゅう》』(巻二十九)には、強盗殺人を犯した僧侶が被害者の村に住む村民たちの手によって「張付て射殺」されたという記事があり、仲成も磔《はりつけ》にされたうえで射殺されたと考えてよい。

大宝律令では処刑方法は2種類と定められたが、すべての人たちがこれを守ったわけではなく、磔にして、弓で射殺するという処刑も行われていたということである。『今昔物語集』には、民家に盗みに入った盗賊を磔にして殺す話があるが、そこには「髪をば木に巻き付け」という表現が出てくる。また、同じく『今昔物語集』のエピソードだが、女が男を「幡物《はたもの》」(磔《はりつけ》台のこと)に縛るときに、「髪に縄を付けて」と書かれている。当時は磔にするとき、髪の毛を磔台に巻き付けるなどして固定していたことがうかがえる。

また、同じく『今昔物語集』だが、民家に泥棒に入った盗人たちを捕えた放免《ほうめん》(検非違使《けびいし》に属し、犯人捕縛にあたる下級官人)が、「然《しか》り気无《な》くて人にも知せずして夜に入て竊《ひそか》に外に将《い》て行《ゆき》て皆射殺させてけり」(素知らぬ顔で、誰にも知らせずに、夜になってひそかに外に連れていって、全員射殺した)という話も残されている。『今昔物語集』には、そのほかに3話ほど犯罪者を射殺した記事があり、私刑としての射殺が珍しくなかったことがわかる。

死刑を廃止した平安時代の天皇たち

25代340余年にわたって公的な処刑は行われなかった

前述した藤原仲成《なかなり》の処刑は、日本の処刑史上では重要な転換点となった。なぜなら、仲成の処刑以後、347年の長きにわたって日本では処刑が廃止されたのである。

日本史上、初めて処刑を中止したのは、725年（神亀《じんき》2）の聖武《しょうむ》天皇だった。聖武天皇は、「死者また生く可《べ》からず。刑者また息《そく》す可からずとはこれ先典の重んずる所なり」（死者は生き返ることはできない。処刑された者は息をすることができないとは、先典の重んじるところである）として、処刑を流刑に減じた。聖武天皇の死後、処刑制度は復活したが、薬子《くすこ》の変（810年）で藤原仲成が処刑されたのを最後に、保元《ほうげん》の乱（1156年）で復活するまで、日本では処刑が廃止されたのであった。処刑を廃止したのは、仲成を射殺した嵯峨《さが》天皇だった。『源平盛衰記《げんぺいせいすいき》』には、次のような一文がある。

我朝には嵯峨《さが》帝の御宇《ぎょう》、左衛門尉仲成《さえもんじょうなかなり》を誅《ころ》させし後、死罪を止めさせしより以来廿五《にじゅうご》代に及しを少《しょう》納言《なごん》入道信西《にゅうどうしんぜい》が執権の時に相當《あいあたり》て絶《たえ》て久《ひさし》き例を背《そむ》き保元《ほうげん》の乱の時、多くの源氏平氏の頸《くび》を切り、宇《う》

治《じ》の左府《さふ》の墓を堀《ほり》……

「嵯峨天皇の時代に藤原仲成を処刑にした後、死罪をやめさせて以来25代に及ぶが、入道信西《しんぜい》の時代に絶えて久しい例を破り、保元の乱のときに多くの源氏・兵士の首を切り、藤原頼長《よりなが》の墓を暴いた」という意味だ。

たとえば、842年（承和《じょうわ》9）に、橘逸勢《たちばなのはやなり》や伴健岑《とものこわみね》らが謀反の疑いで捕まるという事件が起こった（承和の変。冤罪だったとするのが定説）。謀反は処刑に相当する大罪だが、このときの関係者は全員、処刑は免れた。

996年（長徳《ちょうとく》2）には、藤原伊周《これちか》・隆家《たかいえ》兄弟が、誤って花山《かざん》上皇が乗る輿《こし》に矢を射かけるという事件が発生した。幸い上皇に矢はあたらなかったが、間違えたとはいえ上皇に矢を射かけるとは前代未聞の不祥事である。処刑になってもおかしくない事案だが、このときも二人を流罪にするという処分で決着し、処刑は行われなかった。

慈円《じえん》（関白・藤原忠通《ただみち》の子）の著書『愚管抄《ぐかんしょう》』には、「死罪はとゞまりて久しく成たれど、かうほどの事なればにや行れけるをかたぶく人有ける」（死罪は停止されて久しいが、これほどの事件とはいえ処刑が行われるのを非難する者もいる）と書かれており、保元の乱の時代まで処刑が行われなかったのは間違いないといえる。

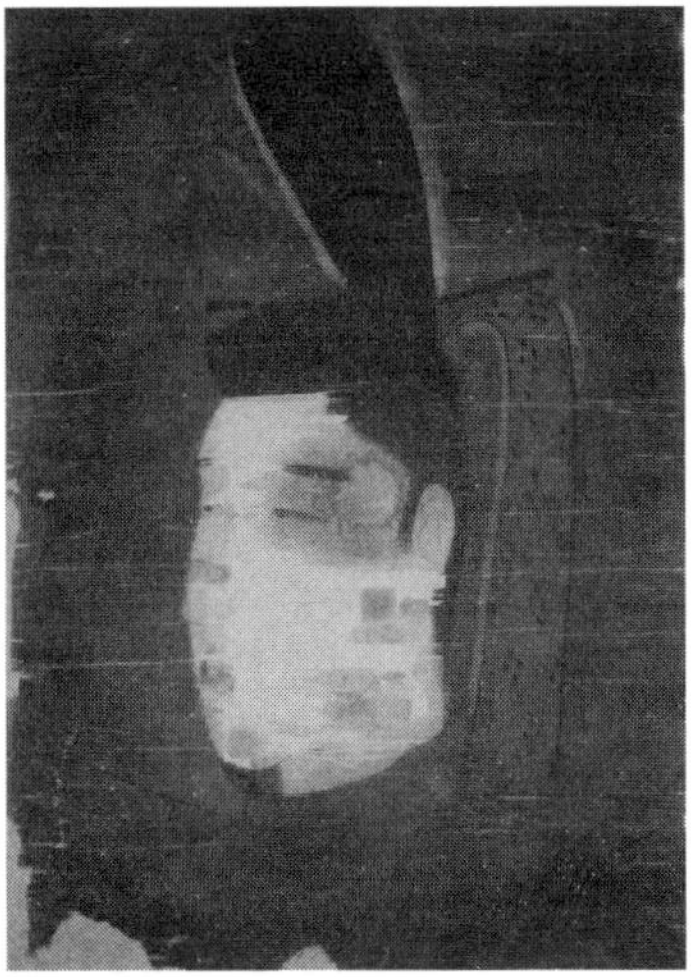
処刑を廃止した嵯峨天皇。

死刑廃止の裏で行われた私刑としての処刑

郡司や国司が赴任地で犯罪者を勝手に処刑

前項で、平安時代の日本では処刑が廃止されたと述べたが、処刑を廃止したのはあくまで朝廷内のことである。天皇が処刑の勅命をくださなかったというだけで、処刑がなくなったわけではなかった。その間にも、平忠常《ただつね》や源義親《よしちか》らが私的に処刑されている。朝廷による直接的な処刑命令がなかったというだけだ。

平安時代中期の9世紀中頃の中級貴族に、藤原保則《やすのり》という人がいた。保則は地方官として優秀だったため、宇多《うだ》天皇に重用され、ほかの貴族からも一目置かれる存在だった。そのため保則の死後、『藤原保則伝』という伝記が編纂されたのだが、そのなかに次のような一文がある。

郡司《ぐんじ》小さき罪有るは鉗鈦《けんだ》を著《つ》け、人民繊毫《せんごう》を犯せば、捕へて案《しら》へて之を殺し、囚徒は獄に満ち、仆《たお》れし骸《なきがら》は路《みち》を塞ぎぬ

「郡司は些細な罪を犯した者には足枷《あしかせ》を付け、人々の些細な罪に対しては捕えて取り調べて殺し、獄舎は囚徒で満ち、死体が道をふさぐほどだった」という意味である。これは、保則が備中《びっちゅう》（現在の岡山県西部）の国司になって赴任したときの国内の様子を書いたもので、些細な罪で民衆を処刑していた事実がうかがえる内容である。

そのほか『今昔物語集《こんじゃくものがたりしゅう》』にも地方官による処刑の話が残されている。伯耆国《ほうき》（現在の鳥取県西部）の話だが、あるとき、国府の倉庫に盗人が侵入したことがあった。逃げる前に盗人は逮捕されたが、国司の橘経国《たちばなのつねくに》はこの盗人を処刑することに決めた。そして盗人は、

蔵の傍《かたへ》に幡物《はたもの》結《ゆ》ひて張り懸けてきり

という憂き目にあった。「蔵の片側の磔台に結び付けられ、張り付けにされた」というわけだ。これを見た近隣の人々は「免《ゆる》し放つべき」（追放で許してやればいいのに）とうわさし合ったというので、この盗人は磔にされて殺されたと考えていいだろう。

また、都の警備に当たっていた検非違使《けびいし》の役人が、あるとき倉庫に火をつけようとしていた盗賊を見つけたとき、問答無用にこの盗賊を斬り伏せて殺したという話も残されている。

平安時代も後期になると、武家の中央への進出が顕著になったが、武家の社会に貴族社会の論理は通用しなかった。朝廷の方針に反して、厳科《げんか》（厳罰）と称して家臣を斬り殺すこともあったという。

死刑廃止は表向きのことで、その裏では権力者による処刑は依然として行われていたのである。

舌を切って吊るす武士社会の拷問

意趣返しで拷問された千任《せんにん》という武士

平安時代後期の1083年（永保《えいほう》3）、東北方面で勢力を伸ばしていた清原《きよはら》氏に内紛が起こった。当主の清原武貞《たけさだ》の死後、真衡《さねひら》・家衡《いえひら》・清衡《きよひら》の3兄弟が、父の跡目をめぐって対立しはじめたのだ。この争いに、陸奥守《むつのかみ》として赴任した源義家《よしいえ》が介入したため、後継者争いは武力闘争に発展し、後三年《ごさんねん》の役《えき》と呼ばれる合戦が勃発した。義家は真衡を支援して家衡と清衡を破り、このとき兄弟の叔父にあたる清原武《たけ》衡《ひら》（清原武貞の弟）を捕らえ、武衡を斬首に処した。

武衡の家臣の千任《せんにん》という武将も、このとき義家に捕えられた。千任は戦のなかで義家を罵ったことがあったため、義家はこれを恨み、千任を拷問にかけた。

『奥州後三年記』という史料によると、義家は引き出されてきた千任に対して、「先日矢倉《やぐら》の上にていひし事、たゞ今申てんや」（先日、矢倉の上で言ったことを、今ここで言ってみよ）と迫った。千任が何も言わずにいると、「その舌をきるべきよし」と言って舌を抜かせたという。そのときの様子は次のように書かれている。

『後三年合戦絵巻』（摸本、国立国会図書館蔵）に描かれた千任の吊るし責めの様子。画像右には、千任が下を抜かれる場面が描かれている。

えびらより金ばしをとり出し、舌をはさまんとするに、千任歯をくひあはせてあかず。かなばしにて歯をつきやぶりて、その舌を引いだして是を斬《た》つ

「えびら」は「箙」と書き、矢を入れるための容器のこと、「金ばし」「かなばし」は焼けた鉄を挟むための大きなはさみのような鉄製の道具である。「箙から金箸を取り出し、舌を挟もうとすると、千任は歯を食いしばって口を開けなかった。そこで金箸で歯を突き破って舌を引き出し、これを斬り落とした」という意味になる。

さらに、義家は千任に吊るし責めの拷問を加えている。

しばりかゞめて木の枝につりかけて、足を地につけずして、足の下に武衡が頸《くび》をゝけり。千任なくなくあしをかゞめて是《これ》をふまず。しばらくありて、ちから盡《つき》て足をさげてつゐに主の首をふみつ

「千任を縛りつけて木の枝に吊るし、足を地面につかないようにして、足の下に清原武衡の首を置いた。千任は泣く泣く足をかがめてその首を踏まないようにしたが、しばらくして力尽き、足を下ろしてついに主の首を踏んだ」ということだ。清原武衡はすでに述べたように、千任の主人であり、武家の社会において主人を足蹴にするというのは不忠のきわみといえる。

義家は、肉体的な拷問と精神的な拷問の両方を、千任に科したのである。千任に対する恨みが、それほど深かったということであろう。

『前九年合戦絵巻』（摸本、国立国会図書館蔵）に描かれた晒し首の様子。後世のように獄門台ではなく、木にぶら下げられている。

第3章
武家の台頭で残酷化された刑罰
——武士社会が生んだ狂気

鎌倉・室町

処刑を復活させた信西《しんぜい》と保元の乱

処刑復活に反対と賛成、両者の言い分とは

天皇が死刑の勅命をくださなくなって３４７年後、国政上は廃止されていた処刑がついに復活する。処刑復活のきっかけになったのが、１１５６年（保元《ほうげん》１）に勃発した保元の乱だった。

保元の乱は、後白河《ごしらかわ》天皇と崇徳《すとく》上皇の対立に、藤原摂関家の内紛がからみ、さらに両派に源氏と平氏といった武家が加担し、朝廷を二分した戦いとなった。

後白河天皇とともに戦ったのが、藤原忠通《ただみち》、藤原通憲《みちのり》（信西《しんぜい》）、源義朝《よしとも》、平清盛《きよもり》ら。崇徳上皇側についたのが、藤原頼長《よりなが》、源為義《ためよし》、平忠正《ただまさ》などだ。

これでわかるように、天皇家、藤原氏、源氏、平氏の４家が、見事に分裂したのである。

結果は後白河天皇方の勝利に終わり、崇徳上皇は讃岐《さぬき》（現在の香川県）に配流、頼長は戦死した。そして、崇徳上皇に与した源氏と平氏の面々に下されたのが、当時は廃止されていた処刑だった。

保元の乱の活躍によって政治的地位を高めた平清盛は、まず叔父である平忠正とその４人の子供を斬首に処した。これは天皇の勅命前に執行したものなので、正式な処刑ではない。その後、清盛は上皇方

についた源為義の正式な処刑を、後白河天皇に上奏した。

これに対して、右大臣・源雅定《まささだ》や大納言《だいなごん》・藤原伊通《これみち》らが反対した。『保元物語』には、彼らの言葉として次のように書かれている。


昔嵯峨《さが》天皇御時、右兵衛督仲成《うひょうえかみなかなり》を誅せられしより以来《このかた》久しく死罪を停める。依《よ》って一條院の御宇《ぎょう》長徳《ちょうとく》に、内大臣伊周《これちか》公、竝《ならび》に権中納言隆家《たかいえ》卿、花山《かざん》院を射奉りしかば、罪既に斬刑に當《あた》る由、法家の輩《ともがら》勘《かんが》へ申しゝかども、死罪一等を減じて遠流《おんる》の罪に宥《なだ》める。今改めて死刑を行はるべきにあらず。就中《なかんずく》故院御中陰《ちゅういん》なり

「嵯峨《さが》天皇の時代に、藤原仲成《なかなり》を死刑に処して以来、長い間死罪は停止された。一条院の時代の長徳《ちょうとく》年間に藤原伊周《これちか》と藤原隆家《たかいえ》が、花山院《かざんいん》を弓で射るという事件を起こしたが、その罪、斬刑にあたると法律家は主張したものの、罪一等を減じて遠流《おんる》という寛大な処置になった。今、改めて死刑を行うべきではない。とりわけ今は鳥羽《とば》法皇の中陰《ちゅういん》の期間中である」という言い分で処刑復活に反対したのだった。中陰とは、死後四十九日間の喪中のことである。つまり、法皇が死んだばかりの時期に処刑を復活させるのはいかがなものかということだ。

これに対し、処刑の復活に積極的だったのが、藤原通憲（信西）だった。彼の言い分は、

多くの凶徒を諸国へ分け遣《つかわ》されば、定めて猶《なお》兵乱の基《もと》たるべし。其《そ》の上非常の断は、人主専にせよといふ文あり。世の中の常にあらざる事は人主の命に従ふと見えたり。若《も》し重ねて僻事出来《ひがごといできた》りなば、

戦に負けた者を処刑して首をはね、その首を刀に差して持ち帰っている場面。平安時代末期、大規模な合戦が続いたこともあり、300 年以上廃止されていた処刑が復活することになった。(『平治物語絵巻』〔摸本〕部分。国立国会図書館蔵)

後悔何の益あらん

というものだった。

つまり、「多くの兇徒を諸国に配流すれば、それは新しい兵乱のもとになる。そのうえ非常時の決断については、君主が思うままに行えという言葉もある。世の中に尋常でないことがあれば、君主の命令に従うということであろう。もし、再びこのような乱が起これば、その時後悔しても始まらない」ということだ。

どちらの主張にも一理あるが、信西は天皇の側近として乱の主導的立場にいた人物であり、後白河天皇は信西の意見をとり、源為義をはじめ70余人の処刑を命じた。

ここに、藤原仲成の射殺以来、正式には行われてこなかった処刑が復活したのである。

上級貴族が拷問を受ける珍事

正四位下という高位にいた貴族が受けた拷問

1156年（保元《ほうげん》1）の保元の乱は、朝廷や皇室がその当事者でもあり、戦自体は数時間で終わったとはいえ、壬申《じんしん》の乱（672年）以来の大規模な内乱であった。

そのため、事件の関係者のなかには貴族も多く含まれていたが、貴族に対しても厳しい刑罰がくわえられた。なかでも、首謀者のひとりである藤原頼長《よりなが》に近かった貴族には、拷問も含めた厳しい取り調べが行われた。

『保元物語』には、頼長の側近だった藤原盛憲《もりのり》・経憲《つねのり》兄弟や源師光《もろみつ》、藤原家長《いえなが》らに対する激しい拷問の様子が書かれている。

皇后宮権大夫《ごんのたいふ》師光入道、備後守俊通《びんごのかみとしみち》入道、能登守《のとのかみ》家長入道、式部大輔《しきぶたいふ》盛憲入道、弟蔵人大夫《くろうどたいふ》経憲入道をば東三條にて水問《すいもん》せらる。内裏《だいり》より蔵人右少弁資長《うしょうべんすけなが》、権右少弁惟方《ごんのうしょうべんこれかた》、大外記《だいげき》師業《もろなり》、三人承つて奉行せり。中にも盛憲兄弟、前瀧口秦助安《たきぐちはたすけやす》等をば、靭負廳《ゆげいのちょう》にて拷訊《ごうじん》せられけり。是等《これら》は左大臣の外

戚にて、事の起りを知りたるらん。又近衛院《このえ》、並びに美福門院《びふくもんいん》を呪詛《じゅそ》し奉り、徳大寺《とくだいじ》を焼き払ひたりし故を問はるるに、下部先《かぶま》づ衣裳を剥ぎ取りて、頸《くび》に縄を附けければ、下部に向ひて手を合せ、「こは何事ぞや、われを助けよ」といひければ座に列《つらな》る官人共、目も当てられず覚えけり。然《しか》れども、刑法限りある事なれば、七十五度の拷訊を致すに、始は声を揚げて叫びけれども、後には息絶えて物言はず

「皇后宮権大夫師光入道」は源師光のことで、頼長の猶子である。「備後守俊通入道」は源俊通、「能登守家長入道」は藤原家長のことで、両者とも頼長に仕えていた中流貴族だ。「式部大輔盛憲入道」は藤原盛憲、「蔵人大夫経憲入道」は藤原経憲で、二人は兄弟となる。頼長のいとこにあたるため、頼長に重用されていた。

5人とも乱では上皇方に与したため、戦後に捕えられ、東三条で水責めの拷問を受けたことが、この記事からわかる。なかでも盛憲・経憲兄弟と、滝口の武士だった秦助安《はたすけやす》は、靫負庁《ゆげいのちょう》（検非違使庁《けびいしちょう》）で拷問を受けている。滝口の武士とは、内裏の警備を担当する武士のことだ。彼らは頼長の外戚であるとともに、近衛上皇と美福門院（藤原得子《とくこ》）を呪詛し、徳大寺に放火したという余罪も疑われていた。

彼らは靫負庁に引き出されると、衣服を剥ぎ取られ、首に縄をかけられた。そして75回もの拷訊を受けたのである。拷訊は杖で打つことで、はじめは声を上げて叫んでいたが、ついに息絶えて何も言わなくなったということだ（死んだわけではない）。『兵範記《へいはんき》』（当時の貴族・平信範《のぶのり》の日記）にも「今日盛憲法師、左衛門府庁に於いて、拷訊覆問、杖七十五度」という記述がある。盛憲は正四位下《しょうしいげ》、経憲は従《じゅ》五位下《ごいげ》の貴族であり、貴族に対して拷問が行われることは異例のことだった。

「首を晒す」という屈辱的な処刑

処刑を復活させた信西《しんぜい》が処刑されたうえに晒し首の刑に

保元《ほうげん》の乱から3年後の1159年（平治《へいじ》1）、再び朝廷を二分する合戦が勃発した。これを平治の乱という。保元の乱のあとに朝廷で重きをなした信西《しんぜい》と、後白河《ごしらかわ》上皇（1158年に二条《にじょう》天皇に譲位したため上皇となっていた）の側近として台頭した藤原信頼《のぶより》との対立がきっかけで、朝廷内の反信西派が結託して信西排除の反乱を起こしたのだ。

武家の源義朝《よしとも》を味方に引き入れた信頼は、信西の館を急襲して火を放ち、逃げ惑う者たちを射かけ、斬り殺していった。信西の女房や従者たちは、外に出れば矢に当たり、館に戻れば火に焼かれるという状態で、多くの者が井戸に飛び込んで難を避けようとした。しかし、井戸のなかは、下にいる者は溺死し、間にいる者は圧死し、上にいる者は焼死するという悲惨な状況に陥ったという。信西は館を脱出して逃亡したが発見され、自害して果てた。

追っ手はその場で信西の首をはねて持ち帰ったが、その際、信西の首を槍にくくりつけた騎馬隊が都大路を行進し、さらにその首は首実検ののち賀茂《かも》の河原に晒されたのだった。信西は罪人として首を晒されるという屈辱を受けたのである。晒されるとき、信西の頭の両側に穴をあけ、そこに紐を通して晒されたという。これは「梟首《きょうしゅ》」「獄門《ごくもん》」ともいい、その後、日本では明治時代初期まで処刑法のひとつとして行われることになる。ただし、平安時代末期の晒し首は、後世の獄門台のようなものに晒すのではなく、木で柵を作って横棒を渡し、そこに首をぶら下げるという方法がとられていた。

平治の乱では信西のほかにも、信頼を軍事的に支えた源義朝が晒し首にされている。

晒し首は信西がはじめてということではなく、10世紀に反乱を起こした平将門《まさかど》や藤原純友《すみとも》、11世紀の反乱者・平忠常《ただつね》などが「晒し首」に処された。『日本書紀』にも「散梟《ちらしくしさす》」という表現が出てくるが、貴族社会では「晒し首」はほとんど見られない。有間《ありま》皇子や橘《たちばなの》奈良麻呂《ならまろ》らも、処刑はされたが首は晒されなかった。「晒し首」は見せしめの効果を上げるとともに、自らの勝利を誇るための、武家の時代の産物といえるのかもしれない。

『平治物語絵巻』に描かれた、梟首された信西の首。門の屋根のところにかけられている。（国立国会図書館蔵）

平安時代からあった残酷刑「鋸引《のこひ》き」

武士の時代になり「鋸引《のこひ》き」という言葉が登場

首から上を出した状態で生き埋めにして、首を鋸《のこ》で引いて殺すという残酷な処刑法が「鋸引《のこひ》き」である。戦国時代に広く使われるようになり、江戸時代には公式の処刑法と定められたが、平安時代後期に、すでに鋸引きの記事が見える。それが、前項で紹介した平治の乱のときだ。

信西《しんぜい》が自害したあと勝者となった藤原信頼《のぶより》だが、二条《にじょう》天皇派にうとまれて、一転して討伐の対象になってしまい、二条天皇派と結んだ平清盛《きよもり》によって斬首されてしまう。それとともに、信頼を軍事的に支えていた源義朝《よしとも》も討伐対象になった。義朝は尾張《おわり》（現在の愛知県）に逃亡するが、家臣の長田忠致《おさだただむね》の裏切りにあって殺害された。忠致は義朝の首をもって清盛に降り、戦後の論功行賞で壱岐守《いきのかみ》に任じられた。しかし、忠致は壱岐守補任だけという人事に不満をもち、左馬頭《さまのかみ》への叙任と播磨《はりま》（現在の兵庫県）・美濃《みの》（現在の岐阜県）・尾張をも賜ることを直訴《じきそ》した。そのとき、清盛側近の平家貞《いえさだ》が、忠致の不遜ぶりを見て、次のように言ったと『平治物語』に書かれている。

あはれきやつを二十の指を二十日に截《き》り、首をば鋸にて引切にし候はばや

「ああ、あいつの20本の指を20日かけて切り落とし、首を鋸で引き切りたい」とつぶやいたというわけである。「首をば鋸にて引切」は、まさしく鋸引きのことだ。

また、平治の乱よりも１００年ほど前の合戦である前九年《ぜんくねん》の役《えき》について書かれた『陸奥話記《むつわき》』（11世紀後半頃に成立した軍記物語。作者不詳）にも、鋸引きと思われる記事が出てくる。

平安時代後期、陸奥国奥六郡（現在の岩手県の内陸部あたり）を拠点に、陸奥国で勢力を拡大させていたのが、安倍《あべ》氏という豪族だった。当時、陸奥国も朝廷の支配下にあったが、安倍氏は徐々に独立的な態度をとるようになり、朝廷に服属しないようになっていった。そこで朝廷は１０５１年（永承《えいしょう》６）、安倍氏討伐の兵を出し、前九年の役と呼ばれる合戦が勃発した。

朝廷側の指揮官は陸奥守《むつのかみ》・源頼義《よりよし》である。頼義は、陸奥の在庁官人《ざいちょうかんじん》（朝廷の出先機関の役人）や豪族と結んで安倍氏と戦うが、その中に亘理《わたり》郡の豪族・藤原経清《つねきよ》がいた。しかし、経清は安倍氏の娘を妻に迎えており、頼義を裏切って安倍氏に寝返った。前九年の役は足かけ11年にわたる長期間の合戦だが、経清の裏切りが合戦の長期化の原因のひとつになったといわれ、頼義の経清に対する憎悪は激しかった。

そして１０６２年（康平《こうへい》５）、頼義が安倍氏を破って合戦は終結した。捕えられた経清は頼義の前に引き出され、頼義は経清の不忠を責め、処刑するのだが、その方法が次のように書かれている。

鈍刀を以《もっ》て漸《ようや》く其《そ》の首を斬る。是、経清《つねきよ》の痛苦久しくを欲する也

「鈍刀」は切れ味の悪い刀のことで、頼義は切れ味の悪い刀で、経清の首を徐々に斬ったということだ。経清の苦痛を少しでも長引かせたかったからである。経清は地中に埋められたわけではないので、厳密には鋸引きではないが、苦痛を長引かせるために徐々に首を斬っていくという発想は、鋸引きと同じといえる。

『古事類苑』に収載されている「鋸引き」の図。経清もこういうかたちで鋸引きに処されたのかもしれない。(国立国会図書館蔵)

源平合戦のことを書いた『源平盛衰記《げんぺいせいすいき》』にも、次のような記事がある。

源氏に呼応して伊予《いよ》の豪族・河野《こうの》氏が挙兵した。しかし河野通清《みちきよ》は平氏方の西寂《せいじゃく》に殺され、通清の子・通信《みちのぶ》は父の敵をとるために西寂のいる備中《びっちゅう》に渡り西寂を捕らえる。通信が西寂に下した処刑法が、鋸引きだった。

西寂《せいじゃく》を虜《いけど》りて高縄《たかなわ》城に将行て八付《はっつけ》にして、父通清が亡魂に祭たり共申。又鋸にてなぶり切に頸を切たり共申

「西寂を生け捕りにして高縄《たかなわ》城に連れていって磔《はりつけ》にして、父・通清の魂に祀った。また、鋸にてなぶり切りに首を斬った」という意味だ。「なぶり切り」は苦しめながら斬ることで、通信が西寂の首を時間をかけて斬ったことがうかがえる記述である。

源頼朝が復讐の手段として採用した「土八付《どばっつけ》」

地面に板を敷いて磔《はりつけ》にし時間をかけてゆっくり殺す

源義朝《よしとも》が平治《へいじ》の乱で敗れた際、家臣の長田忠致《おさだただむね》に裏切られて殺害されたことはすでに述べた。忠致はその後、平清盛の軍門に降るが、1180年（治承《じしょう》4）に源氏一族が一斉に蜂起すると、平氏を見限って再び源氏側についた。源氏の総大将・源頼朝《よりとも》は義朝の子だが、頼朝は「毒薬変じて甘露《かんろ》となる」といって忠致父子の帰参を許し、功を上げれば恩賞も行うと約束した。

しかし、頼朝は親の敵《かたき》である忠致の所業を許してはいなかった。平氏を滅ぼしたあと、頼朝は恩賞を与えるといって忠致父子を呼び出したが、そこで二人を捕縛し、処刑を命じたのである。

『平治《へいじ》物語』には次のように書かれている。

弥三小次郎《やさこじろう》をしよせて長田父子をからめとり、八付《はっつけ》にこそせられけれ。八付にもたゞにはあらず、頭殿の御墓の前に左右の手足をもて竿をひろがせ、土に板をしきて土八付《どばっつけ》といふ物にして、なぶりごろしにぞせられける

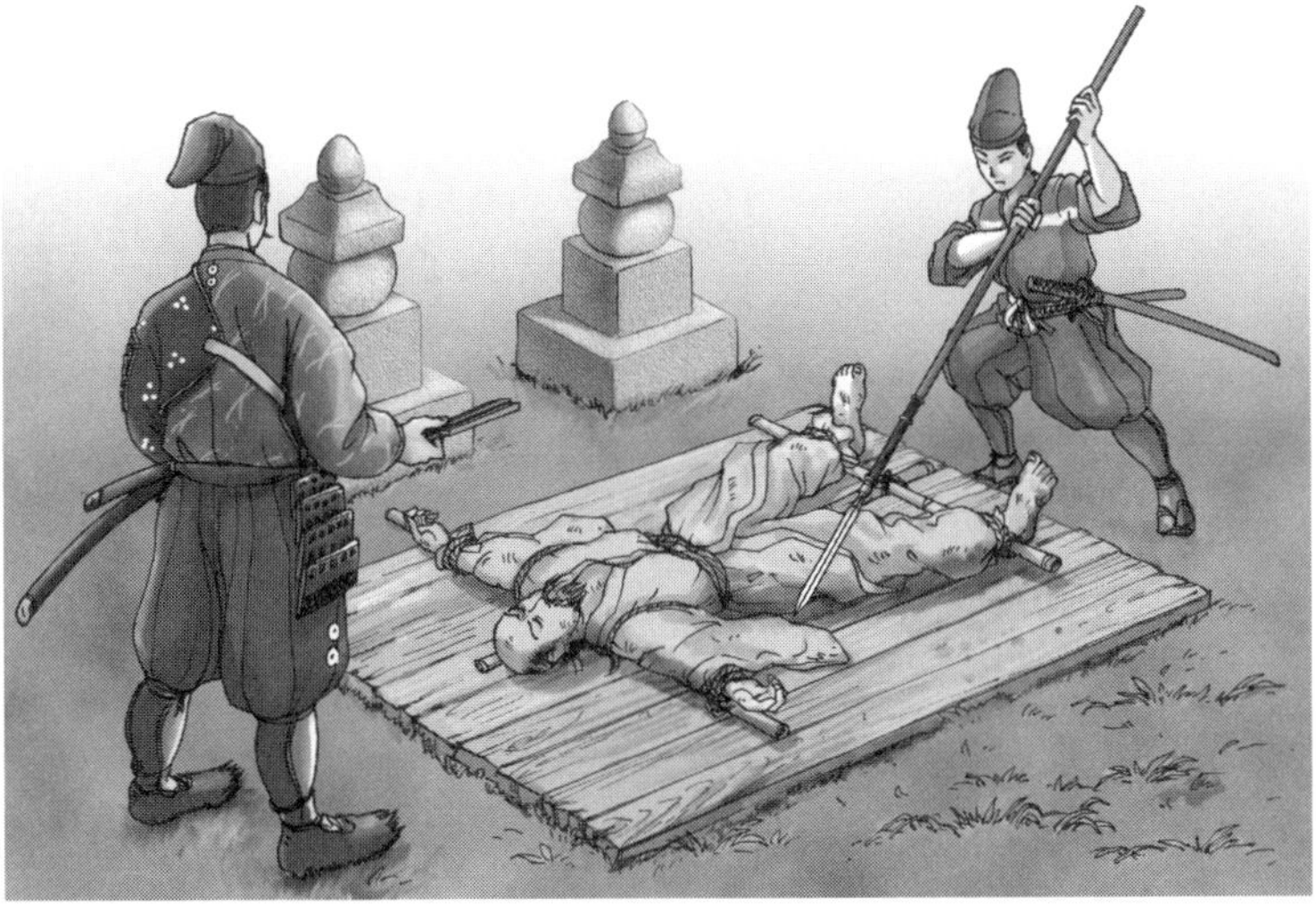

「弥三小次郎《やさこじろう》が押し寄せて長田父子をからめ取り、磔にした。磔といってもただの磔ではなく、頭殿の墓前で、両手両足でもって竿を広がせ、地面に板を敷いて土八付《どばっつけ》というものにして、なぶり殺しにした」という意味だ。「弥三小次郎」は源成綱《なりつな》のことで、源頼政《よりまさ》の孫にあたる。源頼政は以仁王《もちひとおう》（後白河《ごしらかわ》法皇の皇子）とともに源平合戦の口火を切った武士として名高い武士である。「頭殿」は源義朝のことだ。

長田父子は義朝の墓前に引き出され、大の字に縛り付けられて、地面の上に置かれたうえで殺されたというわけだ。「なぶり殺し」は、時間をかけて、相手に苦痛を与えて殺すことだから、頼朝は父の敵である長田父子をひと思いには殺さず、時間をかけてじっくり殺したということだ。

愛知県の美浜《みはま》町には義朝の墓が今もあるが、その眼前に「はりつけの松」という松の木がある。長田父子が義朝の墓前で磔にされたという伝承は今も生きているのである。

「手首を切る」「腕の筋を断つ」という拷問

貴族社会を驚かせた「手首を切る」という武士の拷問

『百錬抄《ひゃくれんしょう》』1167年（仁安《じんあん》2）6月17日のところに、

去《さる》十日、継父を殺し母を殺す之女の足を切る

という記事がある。継父と母親を殺した女の足を切ったという記事だが、『百錬抄』は公家の日記などの記録を抜粋した歴史書で（13世紀末成立、作者は不詳）、公家社会の動静を中心に記されているもので、この記録も公的なものと考えられる。足を切るという拷問に近い刑罰が、当時存在していたということである。

また、1179年（治承《じしょう》3）5月19日には、「別当時忠《べっとうときただ》卿強盗十二人の右手を切り獄門に懸ける」と書かれている。これは文字どおり、平時忠が強盗12人の右手を切ったうえで獄門にかけたという記録である。平時忠は当時の検非違使別当《けびいしべっとう》（検非違使長官）だ。検非違使とは京の治安維持を図るために設置された役職で、都の警察裁判権をつかさどる要職である。時忠は、現在でいうところの警察庁長官兼司法長官という地位にある権力者であった。右手を切るというのは、盗みを働いた手に対する罰と考えられるが、処刑する前に刑を付加するというのはその後も多く見られるようになる。なお、『百錬抄』の著者は、時忠のこの行為について、「希代事也《きだいのことなり》」と記しており、当時としては異例の刑罰だったようだ。

この事件は『玉葉《ぎょくよう》』（関白を務めた九条兼実《くじょうかねざね》の日記）にも書かれていて、そこには、

今日、廷尉《ていい》等大理門《だいりもん》辺りに群れ集まり、強盗之輩《やから》の右手を切る云々《うんぬん》、十二人

とある。この記事から、右手を切り落とす拷問が公開されて行われたことがわかる。

『山槐記《さんかいき》』（後鳥羽《ごとば》天皇のもとで内大臣《ないだいじん》を務めた公卿・中山忠親《なかやまただちか》の日記）にも、このときのことが記事になっている。それによると、長さ5尺ほど（約1・6メートル）、直径5〜6寸（約15〜18センチメートル）ほどの柱を横たえ、そこに罪人を縛りつけたという。その後、一人の下級役人が犯人の首の上にまたがり、もう一人の下級役人が肘の上に乗って、犯人を動けないようにし、そのうえで下級役人のひとりが、次のようにしたと書かれている。

打刀を右手頸に宛て、槌《つい》を以て打切

刀を右手首に当てて、槌を振り下ろして手首を切り落としたというわけだ。

「右手を切る」ということが当時の貴族社会では驚愕の事件だったことがうかがえる。

寺を破壊した御家人の家来に対して源頼朝が下した拷問

1189年（文治《ぶんじ》5）9月9日、鎌倉の高水寺《こうすいじ》の僧侶が源頼朝のもとに来て、「御家人《ごけにん》の家来たちが寺に乱入して、本堂の壁板13枚を剥ぎ取っていったので調べてほしい」と訴え出てきた。驚いた頼朝は側近の梶原景時《かじわらかげとき》に調べるように指示し、景時によると御家人・宇佐美実政《うさみさねまさ》の下男たちによるものと判明し、頼朝によって処罰された。

このとき頼朝がくだした命令が『吾妻鏡《あづまかがみ》』（鎌倉時代末期に編纂された鎌倉幕府の記録）に載っている。

件《くだん》の犯人の左右の手を切らしめ、板面に於いて釘を以てその手を打ち付けしめをはんぬ

すなわち、犯人の両手を切断して、切り落とした手を釘で板に打ち付けたというのだ。

これは、鎌倉時代に制度化された「指切《ゆびきり》」の一種であると考えられる。『新編追加』（「御成敗式目《ごせいばいしきもく》」制定後に追加された法令）によると、指切は博打《ばくち》を行った者に対する刑罰で、

侍においては斟酌《しんしゃく》有るべきか、凡下《ぼんげ》に至っては一二ヶ度は指を切られ、三箇度に及ばば、伊豆大島に遣《つか》はさるべき也

とある。「武士は許されるべきだが、民衆であれば1、2度なら指を切り、3度目ともなれば伊豆大

島に流罪」という意味になる。平安時代以前には見られなかった、手や指を切り落とすという拷問が公然と行われるようになったのだ。

弓の名手だった源為朝が肘の筋を切られる拷問を受ける

手や指を切断するのと似たような拷問で、腕の筋を断つという方法がある。この拷問を受けたのは源為朝《ためとも》である。

為朝は保元《ほうげん》の乱（64ページ参照）で処刑された源為義《ためよし》の子で、父とともに崇徳《すとく》上皇側に立って戦った。弓の名手として名高い武士である。戦後、平氏に捕えられたが、戦後処理が一段落したあとだったため か、為朝以外の兄弟は皆殺しにされていたにもかかわらず、死一等を減じられて流罪となった。しかし、その際に、この拷問を受けたのだった。

『保元物語』には、このときの様子を次のように描写している。

但《ただ》し息災《そくさい》にては後悪しかりなんとて、肘《かいな》を抜きて伊豆の大嶋へ流されけり

健康のままでは後難があるかもしれないので、肘の筋を切って伊豆大島へ流罪になったということだ。「肘を抜く」は「肘の筋を切る」という意味ではなく、「脱臼させる」と解釈する説もあるが、弓の達人だった為朝の手を使えなくさせる拷問が加えられたことは間違いないだろう。

武家法典「御成敗式目」に規定された拷問と処刑

鎌倉幕府が制定した「御成敗式目」で処刑になる7つの罪

平氏を滅ぼした源頼朝《よりとも》が鎌倉に幕府を開き、名実ともに武士の時代がはじまった。源氏の直系は3代で滅んだが、その後は御家人の北条《ほうじょう》家が実権を握り、鎌倉幕府は存続することになる。そして1232年（貞永《じょうえい》1）、日本最初の武家法典となる「御成敗式目《ごせいばいしきもく》」が制定された。頼朝以来の先例や武家社会の道理を基準としたもので、公家法である「律令《りつりょう》」は基本的には武家社会には適用されないとした。

御成敗式目（のちに追加された式目追加も含む）が律令から踏襲したのは、死刑と遠流《おんる》という刑罰であった。御成敗式目では、次の罪を犯した者が処刑とされた。

①謀反、②殺人、③山賊、④海賊、⑤夜討、⑥強盗・放火、⑦これらを隠匿した地頭——以上の7項目である。妻は夫に、子供は親に連座して処刑の対象となり、庶民もこれに準ずるとされた。

御成敗式目では、処刑の方法は斬刑（刎刑《ふんけい》ともいった）の1種類だけとなったが、謀反の場合はこれに獄門《ごくもん》がくわえられた。獄門は平安時代の「晒し首」と同じで、道を引き回したのちに首を斬って晒すことをいう。

斬首された首は獄舎の門に晒されたが、ここから「獄門」という言葉が生まれたといわれる。

鎌倉幕府の権力者・北条一族にも拷問の洗礼

御成敗式目には拷問に関する規定はないが、武士に対する拷問は原則として禁止されていた。とはいえ、これはあくまで表向きのことだ。1284年（弘安《こうあん》7）、北条時房《ときふさ》（2代執権《しっけん》・北条義時《よしとき》の弟で、創成期の幕府を支えた重臣）の孫にあたる北条時光《ときみつ》が、謀反の疑いで捕らえられた。鎌倉時代の歴史書である『鎌倉年代記』（鎌倉時代末期成立）には、次のような記事がある。

八月之比《ころ》、修理《しゅり》権亮《ごんのすけ》時光越後守、時盛息、陰謀の事露見之間、歴《あまね》く種々拷訊《ごうじん》之後、佐土《さど》国へ配流さる

「修理権亮時光」が北条時光のことだ。8月頃に時光の陰謀が露見し、さまざまな拷問を受けたあとに佐土（佐渡）に配流された、という意味になる。

また、1290年（正応《しょうおう》3）には、北条時輔《ときすけ》の次男（名前不明）が謀反の疑いで捕らえられて、拷問を受けたうえで斬首されたという記録が残されている。北条時輔は、5代執権・北条時頼《ときより》の長男で、8代執権・北条時宗《ときむね》の庶兄にあたる人物であり、当時では最高クラスの出自をもつ武士だ。

北条一族でさえ拷問を受けていたことから、武士といえども罪人となれば拷問が行われたことは想像に難くない。

睾丸をえぐり出す「宮刑《きゅうけい》」という拷問

「羅《ら》」を切られた法然《ほうねん》の弟子

武士の世界では、現代に生きる私たちには想像もつかないような刑罰があった。ここで紹介する「宮《きゅう》刑《けい》」もそのひとつで、宮刑とは男性の陰嚢《いんのう》を切り裂いて睾丸をえぐり出す刑罰である。女性の場合は膣口を縫いつぶした。

平安時代末期から鎌倉時代初期にかけて、鎌倉新仏教といわれる新たな仏教の宗派がいくつか生まれた。

その中のひとつに、法然《ほうねん》が開いた浄土宗《じょうどしゅう》がある。浄土宗は念仏をひたすら唱えれば救われるという簡単な教えを説き、武士や庶民の支持を得て急速に成長、朝廷内にも信者を増やしていった。

そんな折の1206年（建永《けんえい》1）、法然の弟子・安楽房遵西《あんらくぼうじゅんさい》と住蓮房《じゅうれんぼう》の二人が朝廷に捕えられた。安楽に帰依していた後鳥羽《ごとば》上皇の女房二人が、上皇の許可を得ないまま剃髪したうえ、説法を聞くために安楽と住蓮を御所に招き入れて一晩泊めたことが問題となったのである。（『愚管抄《ぐかんしょう》』）

激怒した後鳥羽上皇は安楽と住蓮を捕らえさせ、処罰したが、『皇帝紀抄《こうていきしょう》』（鎌倉時代中期成立）には、

上人《しょうにん》等を搦《から》め取り、或《あるい》は羅《ら》を切り、或は其の身を禁じられ

と書かれている。この書には、処罰を受けたのは門弟であるとしか書かれておらず、その門弟が安楽と住蓮かどうかはわからないが、処罰された者の中に「羅を切」られた者がいたと記されている。「羅」とは男性器のことである。このときのことが『愚管抄』には、「終《つい》ニ安楽住蓮頸《くび》キラレニケリ」と書かれており、処罰されたのは安楽と住蓮であることがわかる。ただし、二人は首を斬られたと書かれていて、宮刑については言及がない。

宮刑については、１４４５年（文安《ぶんあん》１）に編纂されたとされる『壒嚢抄《あいのうしょう》』という辞書にも載っている。「人ヲ罪スルニ五刑ノ品アリ」として、その三に、

宮《きゅう》。是《これ》ハ男ヲハ勢《へのこ》ヲサク、女ヲハ幽閉ストテ閇籠《とじこめ》テ置也

と書かれている。「勢」は睾丸のことだ。こうした拷問に近い刑罰が当時あったことを示唆している。

宮刑はポピュラーな拷問とはならなかったが、江戸時代まで残存した。

１６５９年（万治《まんじ》２）に出版された『太平記大全』には「男は勢を裂き、女は根門を縫ひつぶるを宮と言ふ」とあり、17世紀後半頃に成立した『後太平記』にも「宮刑は淫乱を犯すを罰する故に男女陰門陰茎を割塞するなり」と書かれている。

室町時代の教科書に載った「水責め」

年貢を納められない農民を苦しめた「水牢」

室町時代、武士の子弟のために『庭訓往来《ていきんおうらい》』という教科書のようなものが出版された。その中に、司法制度や刑罰に関する用語を並べた部分がある。『庭訓往来』の注釈書である『庭訓往来抄《ていきんおうらいしょう》』には3種類の拷問の方法が書かれているが、それによると、「推問《すいもん》」「拷問」「拷訊《ごうじん》」という3段階の責めがあったとされる。

「推問」とは、押さえつけて自白を強要することだが、そのために「水責め」の拷問が行われた。そのため、「水問」と書かれることもある。

「水責め」は、罪人を梯子に縛り付けて水を飲ませて自白を迫る拷問だ。「梯《はしご》に載せて水をくるるなり。また小蛇を口より入るる也」とあるように、梯子は斜めに立てかけ、十分に水を飲ませてから梯子を逆さにして水を吐かせた。口だけでなく、鼻や耳にも水を注ぐこともあった。

「水責め」については、「水牢《すいろう》」という拷問があったことも知られている。水牢とは、池や水たまりを石垣などで囲って木戸を設けたもので、水の中に人間を浸して責める拷問だ。また、水を溜められる小屋のようなものを作る場合もあった。これは年貢を納めない農民に対して、地頭や領主が行うことが多かった拷問方法である。

群馬県吾妻《あがつま》郡中之条《なかのじょう》町には、中世に使われたと考えられている「水牢」が残されている。中之条町周辺は室町時代以降、斎藤家の支配下にあった。斎藤家はもともと越後の国人だったが、南下侵攻し吾妻家を追い出し、吾妻郡を奪取した家である。この「水牢」は斎藤家が使用したものらしく、池を12メートル四方に囲ったものだ。女性の場合は5人くらいを一緒に、袖に縄を通してつなぎ、胸の下あたりまで浸けたという伝承があり、男性の場合は首が浸かるまで水中に浸した。体温を低下させて苦しめるわけだ。戦国時代になると、斎藤家は武田信玄《たけだしんげん》傘下の真田《さなだ》家に攻められて滅亡したが、代わって支配者となった真田家も、引き続きこの水牢を使ったとされ、江戸時代、沼田《ぬまた》藩の領土となった以降も、「水牢」は農民を苦しめたとされる。

群馬県中之条町に残されている「水牢」。年貢を納められない農民を苦しめたという。

水牢については『落穂集追加《おちぼしゅうついか》』という史料に、納税額をごまかした農民に対し、

件《くだん》の水籠へ入れ、木馬にのせ責めせたくるゆへ収納致させ申す如くこれあり候

という仕打ちをしたと書かれている。大籠に入れて水浸にして責めたり、木馬にかけて大石を両足にぶらさげ、打ちたたいてせめたくったという意味である。

放火した南禅寺の僧に対して「水責め」が行われた

1461年（寛正《かんしょう》2）、南禅寺《なんぜんじ》の僧2人が放火の疑いで捕えられた。2人に対して水責めの拷問が行われたが、『碧山日録《へきざんにちろく》』（室町時代の東福寺の僧の日記）に次のような記事が見える。

南禅寺近日、僧があり党を為《な》し、讎《あだす》る者の所居に火を結ぶ。源相公之《げんしょうこうこれ》を聆《き》き、其徒《そのやから》を捕囚せんことを欲するが、之を知らず。仍《よ》って大衆に命し土地の祠《ほこら》の前に於いて悪をなす者の名を署させ、其の多きを以て験《しるし》となす也。之を名し、無名伴《むみょうはん》となす也、之を監し大吏《たいり》を遣《つか》わす、遂《つい》に其《そ》の署名を裹《つつ》み源相公に致す、又寺務を司どる西堂《せいどう》三人、菊磵《きくかん》を以て首長と為《な》し、同じく公に謁《えつ》し、以て署名を啓《ひら》く。而《しこう》して二僧の名が多くの者の有り也。其の僧名を召す、日麟《にちりん》、日琳《にちりん》、獄に下り罪を譴《けん》す。その夜、余党あり、大雲寺《だいうんじ》に入り西堂菊磵を殺しその頭を截《せっ》す

現代語に訳すと以下のようになる。

「南禅寺で近日、ある僧が徒党をなして恨みのある家に火をつけた。8代将軍・足利義政《あしかがよしまさ》はこれを聞いて犯人を捕らえるよう命じたが捕まらなかった。そこで民衆に命じて祠の前で犯人の名を書かせて、その中で一番多いことを証拠とする。これを無名伴《むみょうはん》という。これを鑑みて幕府の役人を派遣し、その署名

を義政公に渡す。また、寺務を司る西堂《せいどう》の3人が、菊磵《きくかん》を首長として同じく義政公に謁見し、署名を開くと、多くの者が二人の僧の名を書いていた。その僧を召して、日麟《にちりん》と日琳《にちりん》は獄舎に送られ罪を咎められた。その夜、残党がおり、大雲寺に入って西堂の菊磵を殺して首を切った」

南禅寺の僧が放火して捕まったという記事だが、犯人を告発した菊磵という僧が殺されたということだ。このとき捕まった犯人についての後日談がある。

獄官の多賀《たが》某《なにがし》、南禅寺の二人の囚僧《しゅうそう》の罪を決め、数升の水を以《もっ》て其《そ》の口に下し、之《これ》を噴《ふ》かし之を飲ませ、その苦しみ万端《ばんたん》

多賀某という獄官が南禅寺の二人の犯人の罪を決めたが、数枡の水を飲ませ、そのあとに水を吹かせてまた飲ませるという「水責め」の拷問が行われたということである。

自白を迫る拷問のひとつ「錐《きり》もみ責め」とは

お付きの女房にくわえられた「錐《きり》もみ責め」の実態

「推問《すいもん》」を行っても自白しない場合は、「拷問」という段階に移る。「拷問」とは、張り付けにして、手足の爪を剥がしていく拷問法とされる。さらに、足に錐《きり》を突き刺して徐々に揉み込んでいく「錐《きり》もみ責め」という拷問も行われた。

1438年（永享《えいきょう》10）、鎌倉公方・足利持氏《あしかがもちうじ》が幕府に対して反乱を起こした（永享の乱という）。鎌倉公方とは、室町幕府が関東統括のために鎌倉に置いた地方機関で、鎌倉府の長官を鎌倉公方といった。鎌倉公方はしだいに幕府からの自立を目指すようになり、鎌倉公方と幕府は険悪な状態になっていた。

永享の乱は幕府方の勝利に終わったが、1440年（永享12）、持氏の2人の遺児、春王丸《はるおうまる》と安王丸《やすおうまる》を奉じて下総《しもうさ》の有力国人・結城氏朝《ゆうきうじとも》が幕府に反旗を翻した。この反乱も幕府に鎮圧され、春王丸と安王丸は京への護送途中の垂井《たるい》（岐阜県不破《ふわ》郡）で斬られた。このとき春王丸らと一緒にいた女房たちは京へ護送後、このたびの反乱に関与した人物と、春王丸・安王丸の弟の居場所を白状するように拷問を受けた。『結城戦場物語』という書に、次のような記事がある。

のこりのわか君はいづくにしのびましますぞ、有のままに申せ。すこしもいつはりの有ならば水火のせめにあはすべし

白状しなければ水責めと火責めを行うと脅かしているわけだが、これは武士や戦闘員ではなく、お付きの女房に対する脅し文句である。しかし、この女房は脅しに屈せず、自白しなかった。記事は続けて、次のように書いている。

結城合戦を描いた『結城合戦絵巻』（部分、国立国会図書館蔵）。女房が籠に乗る場面が描かれている。

奉行人是《これ》を見て、さあらばいそぎいためてとへ。承ると申てきりにてひざをもませらる。其外《そのほか》七十余度のがうもんは目もあてられぬしだひなり

「きりにてひざをもませらる」とは、錐で膝を揉ませたという意味で、女房の膝に錐を突き刺したわけだ。そのほかに70回以上の笞打《むちう》ち（がうもん）も行ったといい、その光景は「目もあてられぬしだひ」だったと書かれている。結局、この女房はこうした拷問に屈することなく、自ら舌を噛み切ったという。当時は女性とはいえ、武家の女房ともなれば、これくらいの覚悟が必要だったのであろう。

最後の手段「拷訊《ごうじん》」といわれた「火責め」

幕府転覆を計画した僧侶が受けた鎌倉時代の火責め

『庭訓往来《ていきんおうらい》』に載せられた拷問のうち、最後の手段が「拷訊《ごうじん》」だ。拷訊とは火責めのことで、当時の火責めは燃え盛る炎の上を素足で歩かせる拷問だった。鎌倉時代末期の後醍醐《ごだいご》天皇は、天皇親政による政治をめざし、幕府と対立するようになっていった。1324年（正中《しょうちゅう》1）には、天皇による討幕計画が露見し、天皇側近の日野資朝《ひのすけとも》らが処分される事件が起こった（正中の変）。そして1330年（元徳《げんとく》2）には、天皇が幕府打倒の祈禱《きとう》を行ったとされ、幕府が関係者を捕えた。捕縛されたのは浄土寺《じょうどじ》の僧・忠《ちゅう》円《えん》、法勝寺《ほっしょうじ》の僧・円観《えんかん》、醍醐寺《だいごじ》の僧・文観《もんかん》の3人の僧侶である。そして、鎌倉において、彼らに対する拷問が行われた。『太平記《たいへいき》』には、次のように書かれている。

佐々目《ささめ》頼禅僧正《らいぜんそうじょう》を請《しょう》じ奉《たてまつり》て、是《これ》を見させるに、子細なき調伏《ちょうぶく》の法也と申されければ、去《され》ば此僧達を嗷問《ごうもん》せよ。とて、侍所《さむらいどころ》に渡して、水火の責をぞ致しける。文観房暫《もんかんぼうしばし》か程はいかに問《とわ》れけれ共、落玉《おちたま》はざりけるが、水間重《かさな》りければ、身も疲心《つかれ》も弱《よわく》なりけるにや、勅定《ちょくじょう》に依《より》て、調伏《ちょうぶく》の法行《おこない》たり

し条子細なし。と、白状せられけり

佐々目（現在の神奈川県鎌倉市にあった村）の頼禅僧正《らいぜんそうじょう》を招いて鑑定を依頼したところ、「間違いなくこれらは調伏《ちょうぶく》（まじないで呪い殺すこと）の修法である」と言うので、「それならばこの僧たちに拷問をかけて自白させるように」と、侍所《さむらいどころ》に身柄を移し、水責め、火責めの拷問にかけたということだ。文観はいかに拷問をかけられても、しばらくは口を割らなかったが、たび重なる水責めに心身ともに疲れ果て、「勅命（天皇の命令のこと）によって、調伏の修法を行ったことに間違いない」と、白状したと書かれている。この記事からは、水責めのほかに火責めの拷問も行われたことがわかる。

「火責め」については、『太平記』にもうひとつエピソードがある。

後醍醐天皇の側近に、二条為明《にじょうためあき》という公卿がいた。為明もまた、天皇の幕府打倒計画に関わった罪で六波羅探題《ろくはらたんだい》（鎌倉幕府が公家を監視するために京に置いた出先機関）に連行され、拷問にかけられることになったが、為明に行われた拷問は、次のようなものだった。

六波羅の北の坪に炭をゝこす事、鑊湯炉壇《かくとうろだん》の如《ごとく》にして、其上《その》に青竹を破《わ》りて敷双《しきなら》べ、少隙《すこしひま》をあけゝれば、猛火炎を吐て、烈々《れつれつ》たり。朝夕雑色《ちょうじゃくぞうしき》左右に立双《たちならび》て、両方の手を引張て、其上を歩《あゆま》せ奉んと、支度したる有様は、只四重五逆の罪人の、焦熱大焦熱《しょうねつだいしょうねつ》の炎に身を焦し、牛頭馬頭《ごずめず》の呵責《かしゃく》に逢《あう》らんも角社《かくこそ》有らめと覚へて、見《みる》にも肝は消《きえ》ぬべし

「朝夕雑色《ちょうじゃくぞうしき》」は幕府の下級役人のこと、「牛頭馬頭《ごずめず》」は地獄の鬼のことだ。六波羅の北の庭に炭を起こして護摩壇《ごまだん》のように燃え盛らせて、その上に青竹を割って、少し隙間を開けて敷き並べ、両方の腕を引っ張ってその上を歩かせようとしたということだ。燃え盛る炎の勢いは激しく、地獄の鬼に責められるよりもひどいと思われ、見るだけで卒倒しそうであると描写されており、過酷な拷問であったことがうかがえる。

結局、このときに為明が詠んだ歌が幕府の使者の心を打ったことから、為明は火責めの拷問を受けることはなかったが、当時、このような火責めが行われていたことは間違いないだろう。

赤く熱した鉄の鉢を頭にかぶせる「火頂責め」

火責めには、もうひとつ、「火頂責め《かちょうぜ》」という拷問もあった。『庭訓往来抄』には、次のように書かれている。

鉄の鉢を赤く焼いて犯人の頂《かしら》に覆ふ也。首即ち焼砕《やけくだ》くる也

鉄の鉢をまっ赤に焼いて、罪人の頭にかぶせるという拷問である。首が焼けて砕けるというから、拷問というより処刑に近いものだが、火頂責めを受けたとされる者に日親《にっしん》という僧侶がいる。

日親は日蓮宗《にちれんしゅう》の僧侶だが、日蓮宗を厳格に信仰するあまり他宗を排斥するところがあった。そして、日親は時の将軍・足利義教《あしかがよしのり》に対しても、他宗排斥を訴えたのである。しかし、将軍になるまで延暦寺《えんりゃくじ》にいて天台座主《てんだいざす》まで務めていた義教は日親の提言を聞き入れず、逆に1440年（永享《えいきょう》12）、日親は捕

『日親上人徳行記』に描かれた、鍋をかぶらせられた日親の図。（一乗寺蔵）

えられてしまった。

日親はさまざまな拷問を受けたが、『日親上人徳行記《しょうにんとくぎょうき》』によれば、火頂責めも受けたとされる。その結果、命はとりとめたものの、日親の頭は焼けただれてしまったという。ただし、この書は江戸時代に書かれたものであり、本当に火頂責めが行われたかどうかはわからないが、こういう拷問があったということは確かであろう。

江戸時代の話になるが、『拷問実記』という史料に、1683年（天和《てんわ》3）に火頂責めが行われたという記事がある。放火の罪で7人の男が捕らえられたが、そのうちのひとりが白状しなかったため、火頂責めが行われた。

鈴《すず》ヶ森《もり》にて焙烙《ほうらく》の刑に行はれしに、権兵衛《ごんべえ》口より火を吹いて勘解由《かげゆ》〳〵と三度呼はりし時、頭の鉢割れしとかや

焙烙《ほうらく》の刑が行われた結果、権兵衛《ごんべえ》という罪人は口から火を噴き、頭の鉢が割れたということである。この「焙烙の刑」とは火頂責めのことであろう。

「簀巻《す》き」にして熱湯をかける拷問

言うことを聞かない農民に対して行われた「簀《す》巻き」と「熱湯責め」

沸騰した熱湯を浴びせる拷問「熱湯責め」も、火刑の一種といえるだろう。

1198年（建久《けんきゅう》9）、後鳥羽《ごとば》上皇が熊野《くまの》に行幸することになり、行宮《あんぐう》（天皇・上皇の仮の御所）が造営されることになった。和泉《いずみ》（現在の大阪府南部）の国司・平宗信《むねのぶ》は行宮造営のために興福寺《こうふくじ》領に厳しい課役を課し、従わない者には殴る蹴るの暴行を加え、神木《しんぼく》（榊）を焼くなどの狼藉を働いた。そのうちの日根《ひね》郡谷川《たにがわ》荘という荘園で、「熱湯責め」が行われたという記録が残されている。興福寺は、こうした国司の非道を朝廷に訴えたが、そのときの申状が残されており、次のように書かれている。

其内《そのうち》寺領谷川庄に於いて、仕丁簀中《しちょうすのなか》に巻て、法湯其上に懸け、極刑に堪《たま》らず、殆《ほとんど》悶絶に及び、庄民色々物を募り僅《わずか》に其命を救い畢《おわ》んぬ

「仕丁《しちょう》」は、後世の町名主のような役割の農民のことだ。これを意訳すると、「そのうち興福寺領・谷川荘において、仕丁を簀《す》で巻き、その上に熱湯をかける。極刑に堪らず、ほとんどの者が悶絶に及び、荘民はいろいろの物を募り、僅《わず》かにその命を救った」となる。つまり、農民の代表者を簀巻きにして動けないようにしたうえで熱湯をかけるという拷問を行ったというわけだ。この狼藉は、国司の平宗信と、宗信の父で和泉の国主・平親宗《ちかむね》の眼前で行われたという。平親宗は、朝廷内に一時代を築いた建春門《けんしゅんもん》院《いん》（平滋子《しげこ》、高倉《たかくら》天皇の生母）や平時子《ときこ》（平清盛《きよもり》の正室）の異母弟で、後白河《ごしらかわ》法皇の側近として仕えた人物である。宗信も父・親信とともに後白河法皇に重用され、そのため治承《じしょう》・寿永《じゅえい》の乱（源平合戦）で平氏が壊滅したあとも生き延び、朝廷内で重きをなしていた。

この事件は、鎌倉の幕府にも報告され、将軍・源頼朝《よりとも》も介入した結果、親宗・宗信父子の狼藉が認定され、宗信は国司を解任されて播磨《はりま》国に配流された（親宗は紛争の最中に病死した）。

そのほか、鎌倉時代に描かれたとされる『春日権《かすがごん》現験記《げんげんき》絵巻』には、地獄の様子の絵として、罪人に煮えたぎった熱湯を無理やり飲ませる絵が描かれており、実際にこうした拷問が存在していたからこそ、こういう絵が残されたと考えていいだろう。

『春日権現験記絵巻』に描かれた地獄の様子。口を無理やり開けさせられて熱湯を注がれている罪人がいる。右下では罪人が釜ゆでにされている。（国立国会図書館蔵）

古代の拷問の系譜を継ぐ「湯起請」という拷問

神に審判を仰ぐというかたちをとった拷問

第1章で、古代に行われた「盟神探湯《くかたち》」という拷問を紹介したが、盟神探湯は奈良時代以降は行われなくなった。しかし、盟神探湯に似た拷問というか刑罰が、鎌倉時代から室町時代にかけて行われていた。それが「湯起請《ゆぎしょう》」と呼ばれるものだ。湯起請とは、沸騰した熱湯を釜に入れ、そこに小石を入れて、その小石を拾い上げた際の火傷の具合によって真偽を判断する方法だ。室町時代中期の皇族である伏見《ふしみの》宮貞成親王《みやさだふさ》（後花園《ごはなぞの》天皇の父）の日記『看聞日記《かんもん》』には、

先起請《まずきしょう》を書き、灰に焼いて之《これ》を呑み、次に沸湯の中石を取上

とある。まず起請文を書いて神に誓い、それを灰にして飲み込み、その後に沸騰した熱湯のなかの石を取り上げるということだ。

1406年（応永《おうえい》13）、公卿として著名な山科教言《やましなのりとき》（当時は出家して散位）の家の蔵が破られるとい

う事件が起こった。山科家の宿老たちは陰陽師《おんみょうじ》に占わせた結果、家中に犯人がいるといわれ、そこで家の者たちに「湯起請」を行わせて犯人を探そうとしたという。教言の日記『教言卿記』には、

湯起請の事、資親《すけちか》・重能《しげよし》・清幸《きよゆき》・資興《すけおき》・重定《しげさだ》・資能《すけよし》等評定を加えるといえども、宿老共沙汰有《さたある》べき云々

と書かれている。「湯起請のことで、資親や重能、清幸らが評定を重ねたけれど、宿老たちは湯起請すべきと言う」という意味で、宿老たちが湯起請をやりたがっていた様子がうかがえる。しかし、当の教言は、

但し予余《あまり》に外聞しかるべからず。先《まず》今日延引すべし

「しかし、あまりに外聞が悪い。今日のところは延期すべきだ」といって、湯起請を行うことには否定的で、結局、湯起請は行われなかった。ただ、煮えたぎった湯の中に手を入れて、その中にある小石を拾うという審判方法が存在していたことは間違いない。

『薩戒記《さっかいき》』（室町時代の公卿・中山定親《なかやまさだちか》の日記）という史料にも、湯起請に関する記事がある。1425年（応永32）、伏見宮貞成親王が称光《しょうこう》天皇を呪詛しているという訴えが朝廷にもたらされた。称光天皇は体が弱く、天皇の父・後小松《ごこまつ》院は貞成親王を猶子にし、貞成親王が次期天皇の候補となっていた矢先のことだった。貞成親王は兄の治仁王《はるひとおう》の急死を受けて伏見宮家を継いだが、そのとき貞成親王が治仁王を毒殺したとうわさされた過去がある人物である。

この訴えを受け、室町幕府4代将軍・足利義持《あしかがよしもち》は、貞成親王とつながっていると名指しされた刀自《とじ》（皇室に仕えた女官）らを取り調べたが、そのときに「湯起請」で真相を究明しようという意見が出された。真相究明というより、湯起請という拷問で自白させようということであろう。

貞成親王の日記『看聞日記』には、称光天皇が義持に対し、刀自を拷問にかけるか湯起請を行うかを迫ったという記事があり、拷問と湯起請が同列に扱われていることがわかる。しかし、呪詛したのは貞成親王ではなく、南朝の後胤《こういん》である小倉宮聖承《おぐらのみやせいしょう》だということになったためか、このあと湯起請を行ったという記事はなく、湯起請は行われなかったようだ。

また、義持の跡を継いだ6代将軍・足利義教（5代義量《よしかず》は早世）も、湯起請を行ったという記録が残されている。そのほか、『大乗院寺社雑事記《だいじょういんじしゃぞうじき》』（室町時代中期から戦国時代初期にかけての奈良興福寺《こうふくじ》の文書）には湯起請に関する記事が10個以上も残されており、『東寺百合文書《とうじひゃくごうもんじょ》』や『東大寺文書《とうだいじもんじょ》』にも湯起請の記事は見られ、寺社内での紛争解決のために当時、湯起請が利用されていたことを物語っている。

足利義持（神護寺蔵）

足利義教（妙興寺蔵）

後小松天皇（雲龍院蔵）

第4章

ますます苛烈になる拷問と処刑

——戦国武将が紡いだ闇歴史

拷問・処刑の全盛期！戦国時代の到来

下剋上の風潮下で残酷化した拷問と処刑

室町幕府は、第15代将軍・足利義昭《あしかがよしあき》が将軍職をやめる1588年（天正《てんしょう》16）まで、形式的には続いた。室町幕府が全国的な支配をできていたのは、せいぜい8代将軍・足利義政《よしまさ》までだが、義政の時代の1467年（応仁《おうにん》1）に応仁の乱が勃発した。応仁の乱は足かけ11年にもわたる長期の戦乱となり、戦乱の舞台となった京都は荒廃し、幕府の権威は失墜した。

応仁の乱勃発の10年ほど前に関東で大規模な戦乱が起こっていたうえ、応仁の乱で各国の守護が東西に分かれて戦ったため、応仁の乱後は全国的に戦乱が起きる時代となった。守護や地方領主たちは幕府からの自立を図り、自領の保全と領土の拡大に努めるようになり、戦の起こらない日はないような状況となったのである。

主従が争うのはもちろんのこと、父子・兄弟といった血縁者間でも血で血を洗う争いが起こるようになり、人心は徐々に荒廃していった。

そして、そんな時代に歩調を合わせるように、処刑や拷問の方法も残虐なものが出現するようになる。

たとえば、鎌倉時代から室町時代にかけては、処刑といえば斬首《ざんしゅ》か獄門《ごくもん》がほとんどだったが、戦国時代になると処刑法の種類も増え、釜《かま》ゆでや牛裂《うしざ》き、鋸引《のこひ》きといった残虐刑が公然と行われるようになったのである。

全国的なルールがなくなり分国法が法律となる

戦国時代は拷問や処刑が横行した時代といえるが、どの処刑も拷問も、全国的なルールに基づいて行われたものではなく、すべてが私的に行われたといってもいい。

室町時代は、各国の守護が力をもっていたとはいえ、表面的には将軍・足利家が頂点に立っており、御成敗式目《ごせいばいしきもく》（式目追加を含む）や建武以来追加《けんむいらいついか》（室町幕府が追加した法令）が武家社会では法律として、いちおう機能していた（公家社会では大宝律令が生きていた）。

しかし、室町幕府の権威が落ち、各国で独立機運が高まると、これらの法律はあってないようなものとなり、各国独自の法律がつくられるようになった。これを分国法という。たとえば甲斐では「甲州《こうしゅう》法度之次第《はっとのしだい》」、駿河では「今川仮名目録《いまがわかなもくろく》」、越前では「朝倉孝景条々《あさくらたかかげじょうじょう》」などが制定され、領国内では分国法が優先され、幕府の法律は有名無実となった。

分国法では刑罰に関する規定もあるが、下剋上《げこくじょう》の風潮が最高潮に達し、裏切りが日常茶飯事となった時代でもあり、裏切り者や反乱者を見せしめにするためにも、刑罰は過酷を極めたのである。

戦国時代に形式化された「磔《はりつけ》」

日本でも磔《はりつけ》のとき手足を釘で打ち付けることもあった

戦国時代に多用された処刑法に「磔《はりつけ》」がある。磔は、罪人を柱にくくりつけ、身動きできない状態にしてから、長槍《ながやり》や薙刀《なぎなた》、鉄砲などを使って処刑する方法だ。日本では、西洋で行われたように、手足を釘で柱に打ち込む方法はあまり見られないが、なかったわけではない。

戦国時代初期の1532年（天文《てんぶん》1）に編纂されたとされる『塵添壒嚢抄《じんてんあいのうしょう》』という書に、「大辟《たいへき》ニ五ツアリ」という項目がある。そのなかに、

磔屍《しゃくし》　額左右ノ手足ヲ釘ニテ打付テ後ヨリ止《とめ》、矢ヲ射ル、磔ノ字ヲハルとヨム也

という記述がある。「磔屍」が「磔」のことである。額と手足を釘で打ち付けて磔台に固定して、矢を射って処刑したというわけだ。日本でも、磔の際に釘を打ち付けることはあったようだ。

この記事からは、鉄砲がなかった戦国時代以前は、磔の際には槍などで突くのではなく、弓で射殺し

ていたこともうかがえる。また、戦国時代の磔は、頭を固定することは少ないのだが（ただし、首は固定する）、室町時代以前は髪の毛を木に巻き付けて固定することもあった。『今昔物語集《こんじゃくものがたりしゅう》』には、

四の枝を張り付たり。二の足には吉《よ》く械《あしかし》を打て二の手をば上に大なる木を渡して其れを□□縛り付けつ髪をば木に巻き付く（□□は欠字）

という記事がある。「四の枝」は両手両足のことで、「械《あしかし》」は「足枷《あしかせ》」のことだ。左右の足に足枷せをつけ、両手を上に渡した木に縛り付けて磔にし、さらに髪の毛を木に巻き付けたということだ。

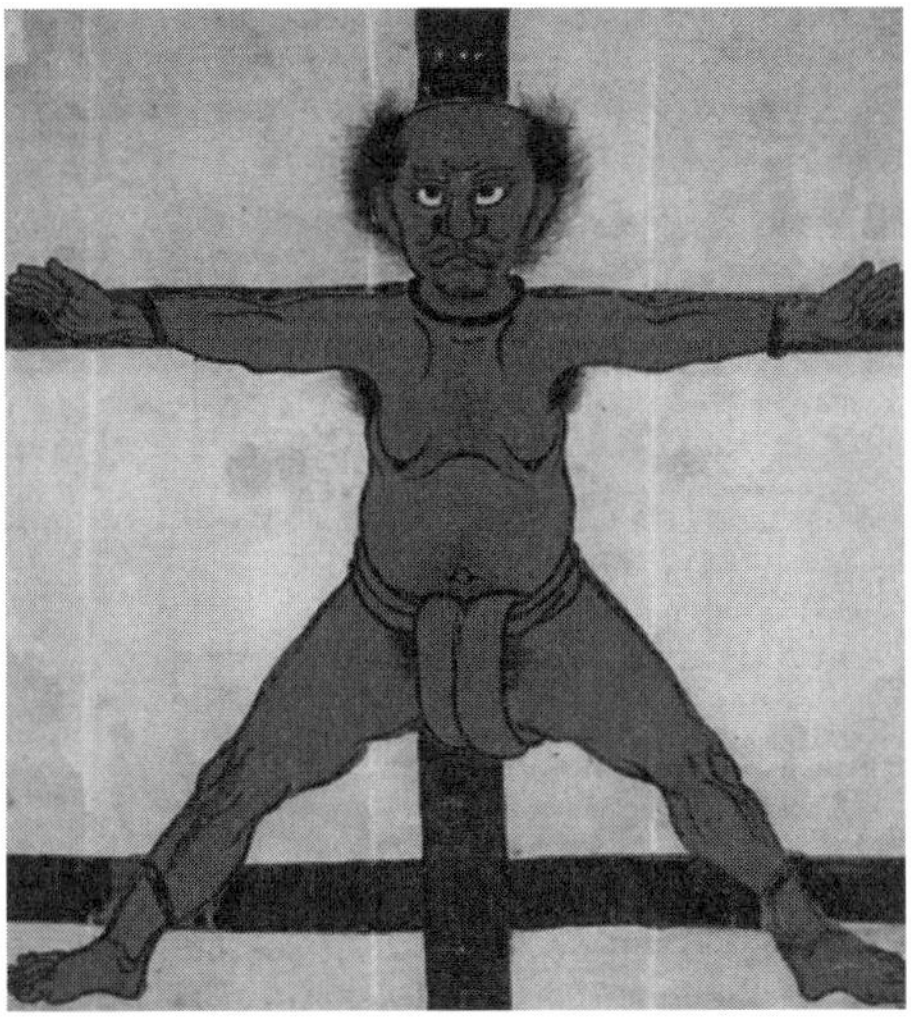
長篠の戦で磔にされた鳥居強右衛門。徳川家の家臣・奥平家に仕えていた。（摸本、東京大学史料編纂所蔵）

人質100人以上を磔《はりつけ》に処した織田信長

1575年（天正《てんしょう》3）、徳川家康《とくがわいえやす》と武田勝頼《たけだかつより》の決戦である長篠《ながしの》の戦いが勃発した。1万を超える武田軍に包囲された長篠城から、家康に支援を要請するために、伝令として鳥居強右衛門《とりいすねえもん》という足軽《あしがる》が抜け出した。強右衛門は無事に家康の陣中にたどり着き、援軍派遣の確約を得ることには成功したが、帰りの途中で武田方に捕らえられてしまった。

武田方は強右衛門を磔にかけ、「援軍得られず、

開城すべし」と偽りの報告をするよう強要したが、それを拒否した強右衛門は磔にされたまま体に槍を突き刺されて絶命した。

磔による処刑では、織田信長《おだのぶなが》による荒木村重《あらきむらしげ》一党の人質殺しが著名だ。

1579年（天正7）、信長を裏切って徹底抗戦をする村重への見せしめとして、信長は村重とその家臣の妻子、女房122人を磔にて殺害した。信長の一代記である『信長公記《しんちょうこうき》』には、次のように描写されている。

百二十二人尼崎《あまがさき》ちかき七松と云処《いうところ》にて張付に懸させる可《べ》く相定《あいさだめ》各引出し候

あられなき武士共か請取《うけとり》、其《その》母親にいだかせて引上く張付に懸《かけ》、鉄砲を以てひしくくと打殺し、鑓長刀《やりなぎなた》を以て差殺し害せられ、百廿二人之女房一度に悲しみ叫ぶ聲《こえ》天にも響計《ひびくばかり》にて見る人目もくれ心も消てかんるい押難し。是を見る人は廿日卅日《はつかみそか》之間は其面影《そのおもかげ》身に添《そい》て忘《わすら》やらさる由《よし》にて候《そうろう》也

「人質122人を尼崎に近い七松というところで磔にかけさせるべく、それぞれ引き出されていった」という意味である。尼崎は村重が籠もる尼崎城のことで、村重に見せつけるための処刑であったことがわかる。そして処刑がはじまった。

「荒々しい武士たちが人質たちを受け取り、あるいは母親に抱かせて引き上げては磔にかけ、鉄砲で容赦なく撃ち殺し、槍や長刀で刺し殺して処刑され、122人の女房が一度に上げる悲鳴は天にも響くほどで、見る人は目もくらみ、心も消えて、涙をおさえきれなかった。この光景を見た人は20日30日の間はその有様が瞳に焼きついて忘れることができなかったということである」ということだ。20日〜30日も忘れることができないほど凄惨な殺し方だったというわけである。

安土桃山時代になって磔《はりつけ》の様式が形式化された

1577年（天正5）、伊勢《いせ》（現在の三重県）の国主となった織田信雄《のぶお》（信長の実子）に対し、かつての伊勢国司である北畠《きたばたけ》家の家臣であった玉井新次郎《たまいしんじろう》という武将が反旗を翻したが、織田軍に捕らえられた。信雄は新次郎とともに彼の両親も捕らえて処刑したが、『勢州軍記《せいしゅうぐんき》』（戦国時代の伊勢の様子を書いた江戸時代初期の軍記物語）には次のように書かれている。

三人共櫛田《くしだ》河原に於いて張付に掛けさす

このとき、「其後《その》、風吹きて音を發《はっ》し近辺之民、之《これ》を怪しむ。其金子《きんす》を拾《ひろい》て仏僧に供養す」と書かれている。「その後、風が吹くと音が鳴り、周辺の民衆はこれを怪しんだ。その金子を拾って、仏僧に供養させた」ということだが、3人が磔に処されたあと、それぞれの遺体の足に金子が仕込んであったため、風が吹くたびに音が鳴ったので、近隣の人たちがそれを拾って供養したというわけだ。磔が民衆にとっても日常的な風景だったことを示すような記述である。

豊臣秀吉《とよとみひでよし》がまだ織田信長の家臣で羽柴《はしば》秀吉と名乗っていたときのこと、秀吉は播磨《はりま》の国人・別所長治《べっしょながはる》

の三木《みき》城を攻めた。このとき長治の家臣・中村忠滋《なかむらただしげ》が秀吉軍に内応すると見せかけて、秀吉麾下《きか》の部隊を殲滅させる戦果を挙げた。秀吉は激怒し、忠滋の娘を捕らえると、この娘を三木城内から見える位置に磔にかけたという。

江戸時代以降の磔は、本人自身を処刑する方法となったが、戦国時代の磔は見せしめとして用いられる場合が多く、人質や肉親が犠牲になることも多かったのである。

戦乱の時代には磔の方法は一様ではなかったが、秀吉が天下統一をめざす時代になると磔の方法も形式化されていった。

磔に用いるのは槍とされ、両手両足を縛り付けたうえで、首と腰の部分も柱に固定するようにした。突き手は二人で、右側の者が脇腹を突いて対角線上の肩先まで貫き、次に左側の者が同じように突く。これを20回ほど繰り返したあとに左右から首を突いてトドメを刺したのであった。

拷問の果てに死を迎える「逆磔《さかさはりつけ》」

信長に敗れた岩村城の城主にくだされた「逆磔《さかさはりつけ》」の刑

戦国時代に行われた磔には、「逆磔《さかさはりつけ》」という方法もあった。

逆磔とは、受刑者を逆さまにして柱にくくりつける処刑法である。逆磔は、逆臣に対する制裁として行われることが多く、裏切り者に対する極刑であった

１５７５年（天正《てんしょう》３）、長篠《ながしの》の戦いで武田勝頼《たけだかつより》を破った織田信長《おだのぶなが》は、美濃《みの》から武田家の影響力を一掃するために武田家の重臣・秋山信友《あきやまのぶとも》が守る岩村城《いわむら》を攻めた。

もともと岩村城は織田方の城だったが、３年前に信友に攻められ、そのとき城主・遠山景任《とおやまかげとう》（故人）の妻・おつやの方は、城内の者を守るために織田方から離れ、信友の妻になっていた。おつやの方は信長の叔母にあたる女性であり、信長はおつやの方の行動を背信行為と考えていた。

長篠の戦いで敗れたばかりの勝頼に援軍を送る余裕はなく、ほどなくして岩村城は落城した。そして信友は捕らえられ、処刑されることになる。『常山紀談《じょうざんきだん》』（江戸時代中期に編纂された逸話集）という書には、次のように書かれている。

信長美濃岩村の城を攻《せめ》て秋山伯耆晴近《ほうきはるちか》を生《いけ》どり、生ながら逆ばり付といふ物にせられけり

秋山伯耆晴近《ほうきはるちか》が秋山信友のことだ。要するに、「信長が美濃岩村城を攻めて秋山信友を生け捕りにして、生きながら逆磔にした」ということだ。逆さに張り付けられると、しだいに頭に血が集まり、顔面は膨れ上がり、耳や鼻から血が噴き出すといい、その苦しみは想像を絶する。

逆磔はすぐには殺さず、拷問のような責め苦を罪人に与えて、徐々に殺していく残虐な方法である。『常山紀談』によると、信友も「七八日ばかり有て死しけり」とあり、絶命するまでに1週間ほどもかかったという。

このとき、信友の妻となっていたおつやの方も、同様に逆磔にされて殺されたと伝わっている。戦国時代は女性も子供も関係なく、主君に逆らえば極刑が下された時代であった。

一撃では死なない「串刺し」

裏切った家臣の人質である女性と子供を襲った悲劇

「磔」のほかの方法として、「串刺し《くしざ》し」がある。磔にした受刑者の足を大きく開かせ、肛門から口に至るように一直線に槍で突くという残酷な処刑法だ。一気に貫くことができれば受刑者は即死するが、内臓や骨が邪魔をして、たいていは途中で引っかかってしまい、受刑者はそのぶん大きな苦しみにさいなまれた。真下から突いている処刑人の顔には血や臓物がふりそそぎ、血みどろになりながら処刑を遂行したという。

串刺しが記された史料に『勢州軍記《せいしゅうぐんき》』という本がある。これは、江戸時代初期の1638年（寛永《かんえい》15）に著されたもので、戦国時代の伊勢《いせ》（現在の三重県）で起こったことが記録されている。

戦国時代、伊勢国は南部を北畠《きたばたけ》家、北部を関《せき》家・神戸《かんべ》家・工藤《くどう》家などの国人が支配していた。しかし、尾張《おわり》の織田信長《おだのぶなが》が力をつけ、三河《みかわ》・美濃《みの》を平定すると、信長は伊勢へ侵攻し、伊勢北部を平定して、伊勢南部の北畠家と対立した。

こうした状況下で、1569年（永禄《えいろく》12）、北畠家の一族・木造《こづくり》家が北畠家を裏切り、信長に降った。

激怒した北畠具教《とものり》は、木造家の家老・柘植三郎左衛《つげさぶろうざえ》門尉《もんじょう》の人質を殺害することにしたが、『勢州軍記』には、以下のように書かれている。

九歳之息女母子共、之を捕え、本田方《ほんだ》之を承る。其《その》侍中西甚大夫《なかにしじんだゆう》、彼《か》の息女を木造近辺の雲出川《くもずがわ》端に連行す。（中略）中間《ちゅうげん》、之を負い彼の処に到る。中西、後に寄り縄を以て頸《くび》に懸ける。呼び声共に之を縊《し》め大木を尖《いただ》き之を串指す。木造城に向いて張付に掛ける也

「9歳の娘を母子ともに捕らえ、本田方（美作守《みまさかのかみ》）がこれを預かっていた。その家臣中西甚太夫《なかにしじんだゆう》が、木造城の近辺にある雲出川《くもずがわ》に連行した。（中略）中間《ちゅうげん》がこれを背負って処刑場に来た。中西は、縄を首にかけ掛け声とともにこれを締め、大木をとがらせてこれを串刺しにして木造城に向けて磔とした」という意味である。

このとき串刺しの犠牲になったのは、女性と子供だったというから恐ろしい話である。

江戸時代初期に書かれた徳川氏の記録である『松平記《まつだいらき》』にも、串刺しに関する記事がある。

1560年（永禄3）、駿河《するが》（現在の静岡県）の守護として東海地方に君臨していた今川義元《いまがわよしもと》が、桶《おけ》狭間《はざま》の戦いで織田信長に敗れ、戦死した。

この戦いに今川方として参戦していた徳川家康《とくがわいえやす》（当時は松平元康《もとやす》）は、徐々に今川家と距離を置くようになり、1562年（永禄5）に信長と同盟を結んで今川家と絶縁し、今川方に残っていた家康の家臣たちも三河《みかわ》に帰ってしまった。

今川家の家臣だった吉田《よしだ》城主の大原肥前守《おおはらひぜんのかみ》（小原《おはら》肥前守とする史料もある）は報復として、吉田城にいた家康家臣の人質を処刑したが、そのときのことを次のように書いている。


松平備後守《びんごのかみ》娘を初《はじめ》として、大竹兵右衛門《おおたけへいえもん》、浅羽三大夫《あさばさんだゆう》等が子供、其外《そのほか》にも今度人質を捨て家康へ出仕致し忠を成たる三河侍の證人《しょうにん》を十一人、吉田の城外龍念寺《りゅうねんじ》口にて串さしに致す也

「證人《しょうにん》」は人質のことである。つまり、松平備後守《びんごのかみ》の娘をはじめとして、家康家臣の人質の11人を吉田城の城外にある龍念寺《りゅうねんじ》で串刺しにしたというのである。

ここでも犠牲者は女性と子供である。見せしめのためとはいえ、戦国時代とはこうも苛烈な時代だったのだ。

最悪の復讐の手段「鋸引《のこひ》き」

公卿の日記に残された「鋸引《のこひ》き」の事実

第3章で紹介した「鋸引《のこひ》き」という処刑法は、戦国時代にもあった。『言継卿記《ときつぐきょうき》』（戦国時代の公卿・山科《やましな》言継の日記）の1544年（天文《てんぶん》13）8月条に、次のような記事が載っている。

武家之囚人和田新五郎《わだしんごろう》三好被官、京兆薬師寺与一《けいちょうやくしじよいち》に申付《もうしつけ》られ、もとり橋に於て頸《くび》をのこきりにて引云々、先《まず》左右手、次頸引云々。前代未聞之御成敗《ごせいばい》也

和田新五郎は、当時京で勢力を伸ばしていた三好長慶《みよしながよし》の家臣で、京兆は管領《かんれい》の細川晴元《ほそかわはるもと》（管領ではなかったとする説もある）のこと、薬師寺与一は別名を薬師寺元房《もとふさ》といい、晴元の家臣である。もとり橋は一条戻橋《いちじょうもどりばし》のことだ。要約すると、「武家の囚人である和田新五郎が、細川晴元に命じられた薬師寺与一によって、一条戻橋で首をのこぎりで引かれたそうだ。まず両腕を引かれ、次に首を引かれたという。前代未聞の成敗の仕方である」という意味になる。

新五郎は室町幕府第14代将軍・足利義輝《あしかがよしてる》の侍女と不義密通していた罪で捕えられていたのだが、この日、処刑されたのだった。その方法が、山科言継が「前代未聞」と驚くもので、のこぎりで左右の手を切り落とし、さらにのこぎりで首を引くという残酷なものだった。

ちなみに、新五郎と密通していた侍女も罪に問われている。『言継卿記』には続けて、「今一人若公乳人《わかぎみめのと》之官女、是は八時分に車之上に張付、京中を渡《わたら》せ、六条《ろくじょう》河原《がわら》にて殺される、云々」と書かれている。若公乳人之官女が新五郎と密通した侍女で、若公とは足利義輝のことを指す。この侍女も同日、処刑されたわけだが、車の上に磔にされたうえ京を引き回され、六条河原で処刑されたとのことだ。

信長を狙撃した犯人が首をのこぎりで引かれる

『信長公記《しんちょうこうき》』1571年（元亀《げんき》4）条に、次のような記事がある。

杉谷善住坊《すぎたにぜんじゅぼう》鉄砲之上手にて候。先年信長、千草《ちくさ》峠御越之砌《せつ》、佐々木承禎《ささきじょうてい》に憑《たの》まれ候て山中にて鉄砲二玉をこみ十二三間隔無情打申すされ共天道昭覧《てんとうしょうらん》にて、信長の御身に少宛《すこし》打かすり鍔《つば》の口御遁《のが》れ候て岐阜御帰陣候き。此比《このころ》杉谷善住坊は鯰江香竹《なまずえこうちく》を憑《たの》み高島《たかしま》に隠居候を、磯野丹波《いそのたんば》召捕《めしとり》、九月十日、岐阜へ。菅屋《すがや》九右衛門《きゅうえもん》、祝《ほふり》弥三郎《やさぶろう》両人が御奉行と為《な》り千草山中にて鉄砲を以て打申候。子細被成御尋思食儘《おぼしめすまま》に被遂御成敗たてうづみにさせ頸《くび》を鋸にてひかせ日比《ひび》の御憤を散せられ

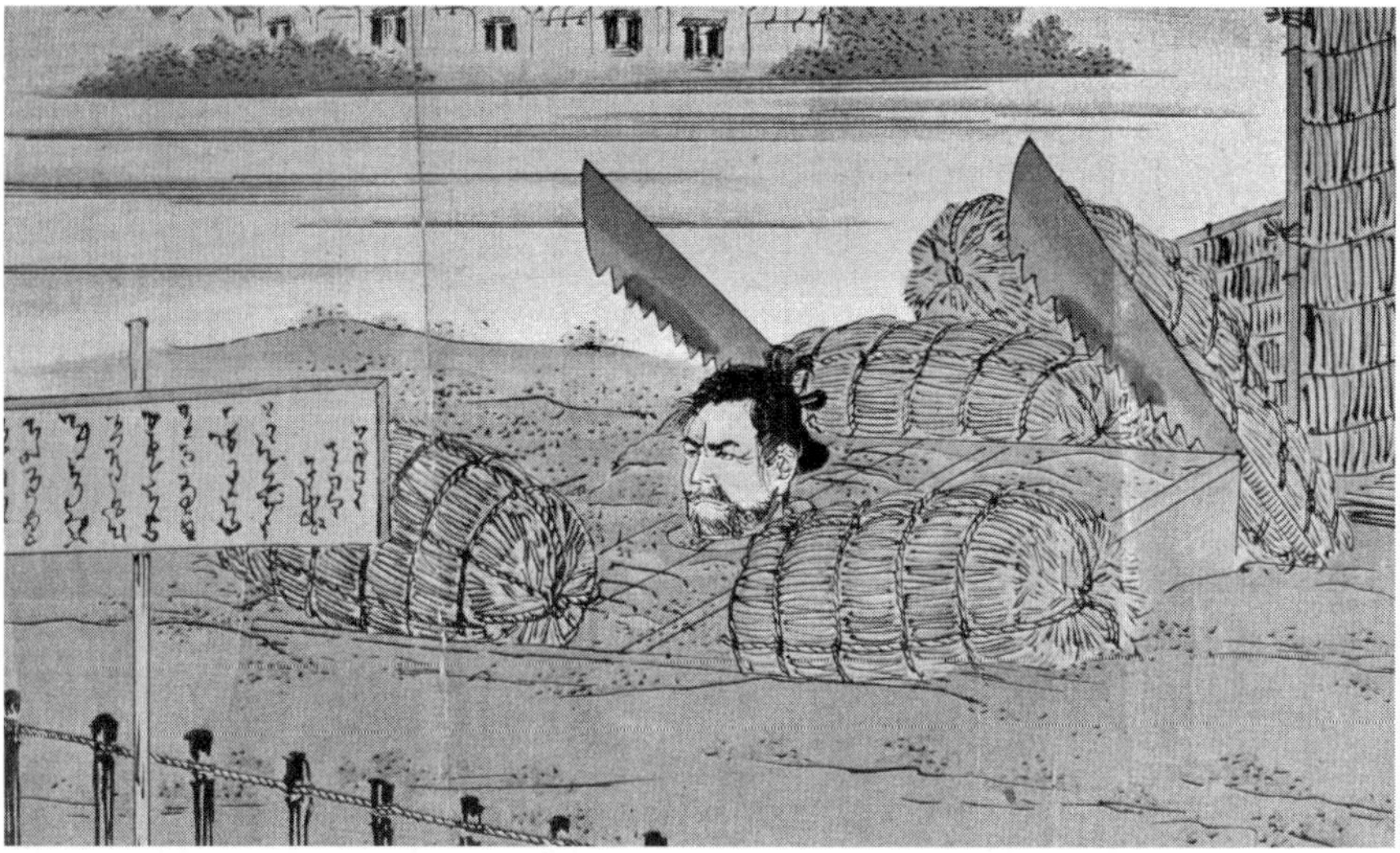

鋸引きの様子を描いたもの。罪人を土に埋めて、そばにのこぎりを置き、往来する者は自由に罪人の首を引くことができた。（『江戸刑罰実録』所収）

これを現代語に訳すと、次のようになる。

「杉谷善住坊《すぎたにぜんじゅぼう》は鉄砲の名手である。先年、信長が千草峠を越えるとき、佐々木承禎に依頼されて山中で鉄砲二玉を込めて十二〜十三間（約22メートル〜24メートル）離れたところから無情にも打った。このときは天運あって、信長の身体を少しかすめただけで、虎口を逃れて岐阜に帰陣した。その後、善住坊は鯰江香竹《なまずえこうちく》を頼って高島に隠居していたが、磯野丹《いそのたん》波《ば》に召し捕られ、9月10日に岐阜へ送られた。菅屋《すがや》九右衛門《きゅうえもん》と祝弥三郎《ほふりやさぶろう》が奉行となり、千草山中で鉄砲を撃った件につき事細かに尋問し、信長の思いどおりに成敗することになった。善住坊を路傍に立て埋めにさせて首を鋸で引かせた」

1570年（元亀1）4月、織田信長が越前《えちぜん》の朝《あさ》倉《くら》家を攻めたとき、同盟を結んでいた北近江《おうみ》の浅井《あざい》家が信長を裏切ったため、信長は越前攻めをあきらめて伊勢《いせ》経由で岐阜へ帰った。このとき、近江から伊勢へ抜ける千草峠で、善住坊という坊主が信長を狙撃したのだ。

信長はかすり傷ですんだが、その恨みは忘れず、1年がかりの捜索のうえ、ついに捕縛したという経緯があった。なお、文中の「佐々木承禎《ささきじょうてい》」とは、別名を六角義賢《ろっかくよしかた》といい、南近江の支配者で、当時は信長と対立していた戦国大名である。捕らえられた善住坊は処刑されるが、その方法が「鋸引き」だった。善住坊は首から上だけを出した状態で立ったまま埋められ、首をのこぎりで引かれるという憂き目にあう。『家忠日記《いえただにっき》』（徳川家康《とくがわいえやす》の家臣・松平《まつだいら》家忠の日記）という史料によると、「竹鋸を以て是を截《き》らしむ」とあり、このとき使われたのこぎりは竹鋸だったと書かれている。切れ味の悪い竹鋸だから絶命までに時間がかかり、その苦痛は想像を超える。『家忠日記』には「七日にして遂に死す」とあり、善住坊は1週間もの間、恐怖と苦しみに耐えなければならなかったのである。

また、『三河物語《みかわものがたり》』には、家康を裏切って武田《たけだ》方についた大賀弥四郎《おおがやしろう》が「鋸引き」で処刑された様子が書かれている。

岡崎之つぢにあなをほり頭板をはめ、十のゆびをきり目のさきにならべ、あしの大すぢをきりてほりいけ、たけのこぎりとかねのこぎりとを相そへておきければ、とおりゆきの者共がさてもく御主様の御ばちあたりかな、にくきやつぱらめかなとて、のこぎりを取かへくひきけるほどに一日の内に引ころす

10本の指を切られて、その指を目の前に並べられ、足の筋を切られたうえで鋸引きに処されるという極刑である。このときも竹鋸が使われているが、金鋸も併用されている。そして、通りを行き交う人にのこぎりを引かせたというから壮絶である。弥四郎は一日で絶命した。

体をバラバラにする「牛裂《うしざ》き」という処刑

人心を離れさせた三好長治の愚行

処刑法のひとつとして「牛裂《うしざ》き」という方法がある。これは四肢を4頭の牛にそれぞれくくりつけて、4頭の牛を別々の方向に走らせることで四肢を引きちぎるという、残酷な処刑法だ。世界的には馬が使われるケースが多いが、日本ではおもに牛が使われた。

明治政府が編纂した『古事類苑《こじるいえん》』という史料集では、牛裂きを「磔《はりつけ》」のひとつとして、次のように紹介している。

牛裂キハ、罪人ヲシテ、両牛ニ跨《また》ガラシメ、火ヲ両牛ノ間ニ加ヘ、之ヲシテ驚キ奔《はし》リテ罪人ノ両胯《りょうまた》ノ間ヲ裂カシムルモノナリ、車裂モ亦之《またこれ》ニ相似タルモノナリ

1572年（元亀《げんき》3）に、讃岐《さぬき》国（現在の香川県）でこの残酷な処刑が執行された記録が残っている。

当時の讃岐は、隣国・阿波《あわ》（現在の徳島県）の支配者だった三好《みよし》家の影響力が強く、三好長治《ながはる》が実権を握っていた。この年、長治（19歳）が鷹狩りをするために讃岐にやってきた。そして、鴨を捕らえた長治の鷹が、勇利権之助《ゆうりごんのすけ》という侍の屋敷の前に落下した。すると、勇利家の下僕をしていた若松《わかまつ》という少年が家から出てきて、その鷹を棒で打ち殺してしまった。激怒した長治は、若松を捕らえると「牛裂き」で処刑するように命じた。

戦国時代の四国の情勢を記録した『南海治乱記《なんかいちらんき》』（江戸時代初期に成立）には、次のように記録されている。

長治怒て牛割《うしざき》にせよとて、少童が両足を牛二疋《ひき》に結付《むすびつけ》て、左右へ追分、両足を二方に牽割《ひきさ》く

このときは牛は2頭だけで、引き裂かれたのは両足だったが、牛はどこまでも走っていくから、おそらく若松の体は引き裂かれ、絶命したと考えられる。

『南海治乱記』は続けて、

国人是を見て懼震《ふるえ》て曰《いわく》、此少童是非を辨《わきまえ》たる業に非《あら》ず、其《その》刑暴虐にして無道也とて、国人離心す

と書いている。若松は是非をわきまえていなかったわけではないのに、この刑罰は暴虐であり非道であると言って、国人は離反したということだ。

長治は政治面でも悪政を行い、阿波・讃岐の国人の支持を失い、1577年（天正《てんしょう》5）、家臣にも裏切られて、土佐《とさ》（現在の高知県）の長宗我部元親《ちょうそかべもとちか》に攻撃され敗死した。

石川五右衛門の処刑で有名な「釜ゆで」

史料に残された石川五右衛門処刑の実態

戦国時代独特の処刑に「釜ゆで《かま》」がある。「烹殺《ほうさつ》」「煮殺し」ともいい、沸騰させた水や油のなかに罪人を入れて殺す方法である。

釜ゆでで有名なのが、豊臣秀吉《とよとみひでよし》による石川五右衛門《いしかわごえもん》の処刑であろう。石川五右衛門は安土桃山時代の盗賊で、徒党を組んで盗みを行ったために捕らえられて、1594年（文禄《ぶんろく》3）に釜ゆでによって処刑された。このとき五右衛門の母と子供など家族10人ほどが縁坐《えんざ》して釜ゆでとなり、仲間20人ほどが磔《はりつけ》に処された。

江戸時代初期の1642（寛永《かんえい》19）に成立した『豊臣秀吉譜』には、次のように書かれている。

秀吉、所司代《しょしだい》等に命じ、遍《あまね》くこれを捜し遂に石川を捕え、且つ其の母并《ならび》に同類二十人許《ばかり》を縛し、之を三條河原に烹殺《ほうさつ》す

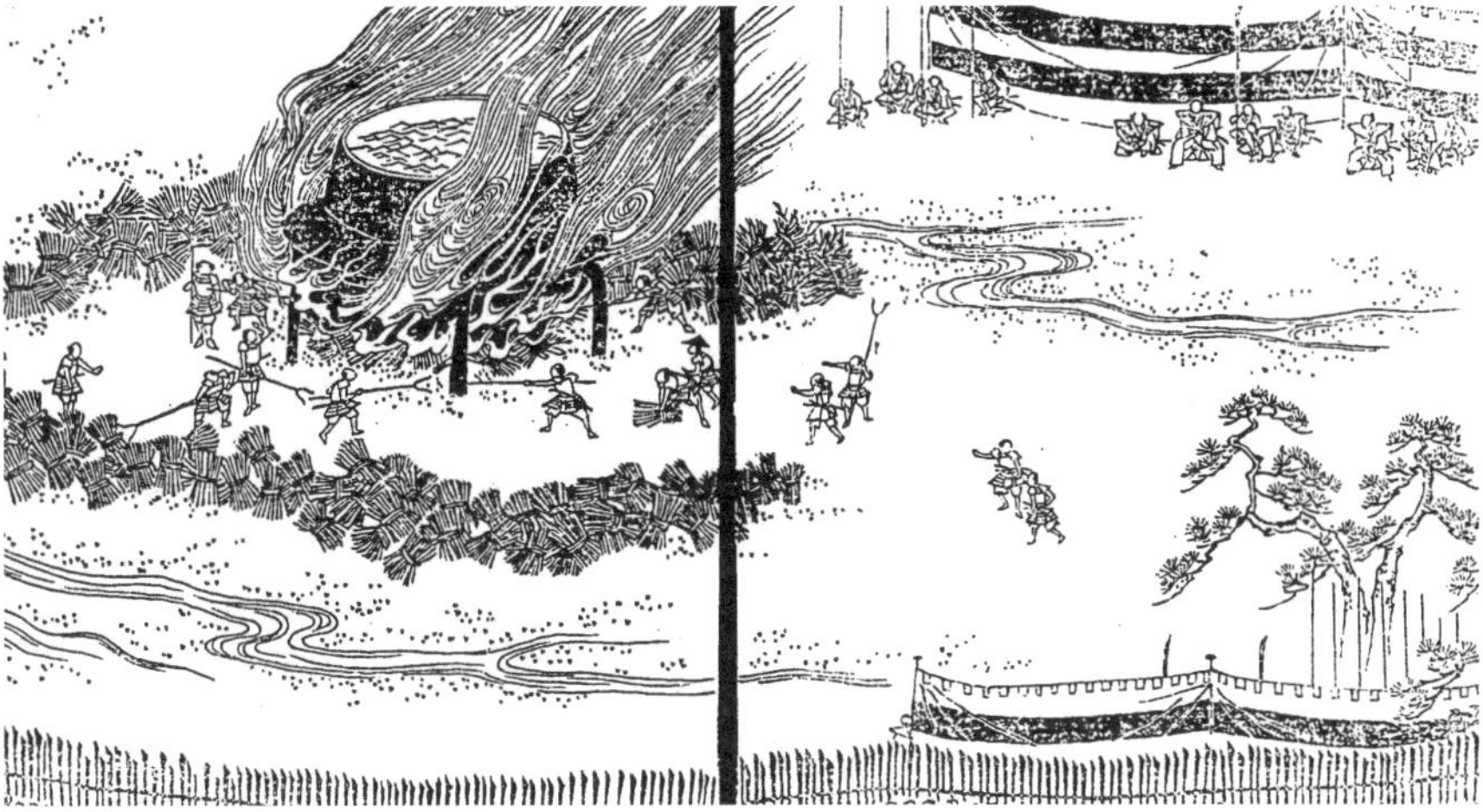

石川五右衛門の釜ゆでの様子。五右衛門の処刑には水ではなく油が使われたという。（『絵本太閤記』「三条河原刑場之図」国立国会図書館蔵）

所司代とは京都の治安を管理する役職で、当時は前田《まえだ》玄以《げんい》だった。秀吉に五右衛門逮捕を命じられた前田玄以らは広範囲に捜索を行ってついに捕らえ、五右衛門一党を三條河原で烹殺したというわけだ。

当時、貿易商として来日していたアビラ・ヒロンというスペイン人が残した記録によると、このときの釜ゆでは油を使ったとされる。油の沸点は水のそれよりも高く、本当に油が使われたのであれば、普通の熱湯で煮殺すよりも苦痛は倍増したはずである。

また、秀吉は１５９３年（文禄２）にも、釜ゆでによる処刑を行っている。『時慶卿記《ときよしきょうき》』（当時の貴族・西洞院《にしのとういん》時慶の日記）に、次のような記事がある。

太閤《たいこう》に召し置かれ候女房、御暇申さず出候、男を持候。仍《よっ》て罪三條の橋のつめにして子と乳は煮殺候

「太閤」は秀吉、「乳」は乳母《うば》のことだ。秀吉に仕えていた女房が、秀吉に暇乞《いとまご》いを告げずに屋敷を出て男と結婚した罪で捕らえられ、その子供と乳母が煮殺されたという意味になる。ちなみに、女房とその夫はその後、鋸引《のこひ》きで処刑されている。

秀吉以外の各地方でも「釜ゆで」が行われていた

釜ゆでは秀吉が使用した特別な処刑法ではない。戦国時代には、ほかにも実例がある。安土桃山時代末期の1590年代に成立したとされる『太田牛一雑記《おおたぎゅういちざっき》』という書がある。太田牛一は織田信長《おだのぶなが》の家臣で『信長公記《しんちょうこうき》』の作者として知られる人物である。この書に、美濃《みの》の斎藤道三《さいとうどうさん》のエピソードが書かれている。

山城《やましろ》は小科の輩をも或《あるい》は牛割《うしざき》にし、或は釜を据置《すえおき》、親子兄弟の者に火をたかせ煎殺事、冷き成敗也

「山城《やましろ》」は斎藤道三のこと、「小科」は微罪という意味だ。つまり、道三は微罪の罪人に対しても牛割きや釜ゆでという残酷な方法で処刑したというわけだ。釜ゆでにする際には、罪人の親や子、兄弟といった身内に火をたかせるという冷酷ぶりであったというから徹底している。道三は守護・土岐頼芸《ときよりのり》を追放して美濃（現在の岐阜県）を乗っ取ったという事情があり、国内には土岐家を慕う者も多かった。道三は国内統制に苦慮しており、そのため、このような厳しい刑罰を用いたと考えられる。

また、『土津霊神言行録《はにつれいじんげんこうろく》』（会津《あいづ》藩祖・保科正之《ほしなまさゆき》の事績を記した本）という史料には、会津でも釜ゆでが行われていたと記されている。

大釜を作り其《そ》の蓋《ふた》に穴を穿《うが》ち、罪人を其の中に置き、頭面及び両手を出し木履を以て其の脚に着け、慢火を以て之を蒸し

「木履」は木靴のことだが、おそらく足枷《あしかせ》として利用したものだろう。「慢火」は勢いの弱い火のことだ。蓋付きの大釜に罪人を入れ、蓋に開いている穴から首と両手を出して足枷を付け、とろ火でじっくり煮殺したというのである。これは蒲生《がもう》家が会津を支配していた頃（戦国時代後半）の出来事だったという。

江戸時代初期の本で、家康から綱吉《つなよし》までの将軍と家臣の事績をまとめた『武野燭談《むやしょくだん》』には、次のようなエピソードがある。あるとき家康が、安倍川《あべがわ》の河原で「人煮釜」（釜ゆで用の釜）を見つけ、それを居城の浜松城《はままつ》に持ってくるよう命じた。家臣が釜を運んでいる途中、本多作左衛門《ほんださくざえもん》（重次《しげつぐ》）がそれを見咎めて、次のように言った。

天下をも望む志あるべき人の、人を釜にて殺すべき程の悪人ある様に、仕置するものにや、よし入用の事あらば、其時何程《そのいかほど》も拵《こしら》ふべし。兼ねて用意する事あらんやと申して、釜をば打砕かせたり

「天下を望む志あるべき人は、釜で殺さなければならないほどの悪人が出たときに仕置するものであり、入用のことがあれば、そのときにいかほどでもこしらえればよい。あらかじめ用意することはないと言って、釜を打ち砕かせた」という意味である。このエピソードは、釜ゆでで処刑したという話ではない。しかし、当時は釜ゆで用の釜が河原に放置されることがあってもおかしくない時代だったということは間違いないだろう。

戦国時代に復活した「火刑」

裏切り者の家臣と人質500人を一度に焼き殺した織田信長

戦国時代は、大量殺人が各地で多発した時代であった。裏切り者や降伏しない敵に対する見せしめとして、人質とされた関係者の妻子や、多くの非戦闘員が殺されていった。当時は、人質が処刑されることは主人にとっては非常に不名誉なことだったのである。

人質を見せしめのために処刑する際に用いられた処刑法のひとつに「火刑《かけい》」がある。

1578年（天正《てんしょう》6）、織田信長《おだのぶなが》の家臣だった荒木村重《あらきむらしげ》が、突然翻意して信長を裏切り、有岡《ありおか》城に籠城した。信長は荒木家重臣を寝返らせると有岡城を1年がかりで包囲して、村重を疲弊させていったが、村重が徹底抗戦のかまえを見せたので、翌年、信長は有岡城にいた村重とその家臣の妻子と女房を捕らえて処刑することにした。『信長公記《しんちょうこうき》』には、次のように書かれている。

女之分、三百八十八人、かせ侍之妻子付〱之者共也。男之分、百廿四人、是は歴〱の女房衆へ付置《つけおく》 候《そうろう》 若黨《わかとう》以下也、合五百十余人、矢部善七郎《やべぜんしちろう》、御検使にて家四ツに取籠こみ草をつませられ焼

殺され候

「かせ侍」とは、身分の低い侍のことで「倅侍」と書く。かせ侍の妻子と、そのお付きの者３８８人と、歴々の女房衆に付いていた若党以下１２４人の合わせて５１０余人が、矢部善七郎検使のもとで家４軒に押し込められ、周囲に草を積ませられて焼き殺されたというのである。その様子を『信長公記』はこう記している。

焦熱《しょうねつ》大焦熱之ほのほにむせび、おとり上《あがり》、飛上《とびあがり》、悲しみの聲《こえ》煙につれて空に響《ひびく》。獄卒《ごくそつ》之呵責《かしゃく》の攻《せめ》も是成《これなる》へし。肝魂《きもたま》を失ひ二目共更に見る人なし

「灼熱の炎にむせび、躍り上がり、跳ね上がり、その悲鳴は煙とともに空に響く。地獄の鬼の厳しい責めもかくやとなるべし。肝魂を失い、二目と見る者はいなかった」ということだ。４軒の家に５００人を押し込めたわけだから、身動きがとれない状態だったと考えられるので、「躍り上がり、跳ね上がり」という表現は疑問だが、見るに堪えない光景であったことは確かであろう。

このときは、そのほかにも引き廻しのうえ斬首《ざんしゅ》された者が30余名、磔《はりつけ》にかけられた者が１２２人おり、合わせて６５０余名が一度に殺されるという惨状をていしたのだった。

『信長公記』はこのことを「生便敷《おびただしき》御成敗、上古よりの初也」と書いている。これほどの大量虐殺は日本史上類を見ないという意味である。

火刑は武士にとって侮辱的な処刑法だった

伊勢《いせ》平定を目論む織田《おだ》信長《のぶなが》にとって、落ちぶれたとはいえ、かつての伊勢国司《こくし》・北畠《きたばたけ》家の影響力は見過ごせないものだった。そこで信長は1576年（天正《てんしょう》5）、北畠家の養子になっていた実子の織田信雄《のぶお》とともに、北畠具教《とものり》（信雄の義父）をはじめ、具教の二男・長野《ながの》具藤《ともふじ》、三男・北畠親成《ちかなり》、具教の娘婿・坂内《さかない》具義《ともよし》ら北畠家一族13人を誅殺した。

興福寺《こうふくじ》の僧になっていた北畠具親《ともちか》（具教の弟）は、信長によって一族が殲滅されたことを聞くと、翌年還俗して反織田の兵を挙げた。しかし、伊勢をほぼ平定していた信長にはかなわず、具親は安芸《あき》へ亡命した。このとき捕縛された具親の家臣の中に、乙栗《おとぐり》栖《す》平八郎《へいはちろう》と峯某《みねなにがし》がいた。信雄は、この2人がこのたびの反乱の扇動者と見なして、2人を火あぶりの刑に処した。『勢州軍記《せいしゅうぐんき》』（江戸時代初期編纂。戦国時代の伊勢で起こった出来事を記録したもの）によると、このとき峯は、

是《こ》の害、侍之法乎《か》。其《その》因果を見果云々

と恨み言をいって死んだという。

意訳すると、「これが武士の法か。行く末も見えたな」という意味である。火刑は武士にとっては、非常に不名誉な処刑法だったことがわかる。なお、『日本近世行刑史稿』という戦前の本には、このときの火あぶりが戦国時代の火刑の初見と書かれている。

当時の火刑は、罪人を裸馬に縛りつけて町中を引き回してから刑場につれていった。そして、用意された柱に罪人を縛りつけて、周囲に枯れ草や薪などを積み上げて点火した。火の燃やし方には2通りあり、遠火で時間をかけていぶり苦しめるやり方と、強火で一気に焼き殺すやり方があった。火にあぶられた人はしばらくは悲鳴を上げるが、灼熱の空気や煤《すす》がのどに入り込んでのどの粘膜を燃やしてしまうため、すぐに声は出なくなったという。

会津で行われた「焼松焙《たいまつあぶり》」という方法

戦国時代から江戸時代初期にかけての会津《あいづ》の歴史を記した『土津霊神言行録《はにつれいじんげんこうろく》』という史料には、蒲生《がもう》氏之《うじゆき》が行った「焼松焙《たいまつあぶり》」という火刑の記事がある。

大壇を作り一木を植え首機《くびはた》を以て罪人に繋ぎ、両手を竹輪に抱えさせ、麻葦《あさあし》を束ねてこれを燃やし、左右前後を持ちこれを焚《やき》、罪人踊躍《ゆうやく》し死ぬ。これを名して焼松焙《たいまつあぶり》と謂《い》う

「首機」は首枷《かせ》のこと、「大壇」は仏教で使う法具だが、ここでは罪人を立たせる台座のようなものだろう。「踊躍」は躍ることである。

台座を作って木を1本植えて首枷で罪人をつなぎ、両手を竹製の輪で固定して、麻と葦を束ねて燃やしたものを、左右前後に置いて罪人を火あぶりにする。そうすると、罪人は躍り上がって死んだというのである。

「盟神探湯《くかたち》」「湯起請《ゆぎしょう》」が発展した「鉄火起請《てっかきしょう》」

織田信長も行ったといわれる「鉄火起請《てっかきしょう》」のやり方

第3章で述べた「湯起請《ゆぎしょう》」と同じような拷問に、「鉄火起請《てっかきしょう》」という方法がある。焼けた鉄のかけらを手のひらに乗せ、そのかけらを決められた棚の上までもっていかせるというものだ。鉄のかけらの代わりに焼いた石を使う場合もあった。その後、火傷を負っていたら、あるいは棚まで運べなかったら有罪、もしくは敗者とする。多くは紛争の解決のために行われたが、自白を迫るための拷問としても使用された。

織田信長《おだのぶなが》の一代記である『信長公記《しんちょうこうき》』にも、鉄火起請に関する記事がある。信長が桶狭間《おけはざま》の戦い（1560年）に勝利した頃の話で、信長家臣の池田恒興《いけだつねおき》の被官に左介《さすけ》という人物がいた。あるとき左介が、甚兵衛《じんべえ》という庄屋の家に盗みに入ったことが発覚し、左介が本当に盗みに入ったかどうかを調べるために「鉄火起請」を行うことになった。

火起請に成り候て三王社《さんおうしゃ》のまへにて奉行《ぶぎょう》衆公事《くじ》相手双方より検使を出ださる。（中略）子細は左介《さすけ》

火起請取損《とりそん》じ候へども、其《そ》の比《ころ》池田勝三郎《かつさぶろう》衆、権威を募り候の間、奪ひ取り成敗させまじき

火起請が行われることになって、三王社《さんおうしゃ》の前で奉行衆と当事者双方から検使が出され、左介が火起請を取り損なったのだが、その頃の池田恒興の被官たちは権威を笠に着ており、火起請を奪い取って成敗させなかったというわけだ。つまり、左介は焼けた鉄のかけらを取り損ねたにもかかわらず、その結果を認めようとしなかったのである。そこへ、信長が偶然通りかかり、双方の話を聞くと、自分が鉄火を取ると言い、

我々火起請とりすまし候はば左介を御成敗なさるべきの間、其の分心得候へと御意候て焼たる横斧《よこよき》を御手の上に請けられ三足御運び候て棚に置かれ、是を見申たるかと上意候て左介を誅殺

という結果になったという。

要約すると、「私が火起請を無事遂げたら左介を成敗する、そのように心得よと言って、焼いた斧を手の上に置いて三歩歩いて棚に置かれ、これを見たかと言って左介を処刑した」となる。本当にこのような事件があったかどうかは疑問だが、当時、鉄火起請という方法があったことは間違いないだろう。鉄火起請は、このエピソードのように、神社で行われることが多かった。それは、神の審判を仰ぐという体裁をとっていたからだ。

この火起請は戦国時代から江戸時代初期にかけて行われ、たとえば越前《えちぜん》の戦国大名・朝倉義景《あさくらよしかげ》も行ったことが記録に残されている。

戦国時代でも現役だった「水責め」

肥後国に残された「水牢」の実態

第3章で「水牢《すいろう》」について説明したが、戦国時代になっても庶民を苦しめるための拷問のひとつとして「水牢」は使用された。

肥後国《ひご》（現在の熊本県）にある早川厳島神社《はやかわいつくしま》の江戸時代初期の神主・渡辺玄察《わたなべげんさつ》が書いた『収集物語』という書に、豊臣政権時代（1590年代）の記録として、次のようなエピソードが残されている。

熊本新壱丁目御古城下の城下の堀ニひざより上ニ立候てあがらさるやうにふミて、すね中だち有之様ニ水上にたなゆかを仰付《おおせつけ》られ、其上ニハ雨にぬれ申さず様ニ小屋を御作らせ、是が水籠にて高《たか》御未進《みしん》の御百姓を霜月師走《しもつきしわす》ニ其水籠ニ御入《はいり》ニならせ、三日被召置《めしおかれる》。御受を申上候ハ御出シ、三日御受を申上《もうしあげ》ざる候者ハ御免遊《あそば》されず、籠を出ること仰付《おおせつけ》られず候

「熊本新一丁目御古城下の城下の堀に、膝より上に水が上がらないように水上に棚床をつくり、その上に雨に濡れないように小屋を作らせ、これを水籠といい、年貢未進の百姓を11月と12月に入れて、三日間留め置いた。年貢を納めた者は出し、三日たっても年貢を納めない者は水牢から出されなかった」という意味である。当時、肥後熊本地方を治めていたのは加藤清正《かとうきよまさ》だったが、清正の指示ではなく当地に根付いていた拷問だったようだ。

同じく肥後国の記録で、『銀台遺事《ぎんだいいじ》』という書にも、同じような記事がある。『銀台遺事』は1790年（寛政《かんせい》2）頃に成立した書で、熊本藩主・細川重賢《ほそかわしげかた》時代に起こった出来事をまとめたものである。

いつの頃よりか此国《このくに》の民、年貢合期せざる者は、処の庄官《しょうかん》、其《その》親族を召捕《めしと》りて永牢《えいろう》といふに入れて、責めはたる習《ならわし》なりき、其牢の様こそむげに痛はしかりつれ、四方に埒《らち》を厳しく結ひ廻し、内に膝を過ぐる計《ばか》り水をたゝへたり、逋税《ほぜい》の民あれば其《その》父母、妻子を是《これ》に籠《こ》めて、水の中に立たしむ。厳冬の頃なれば、雪の朝、霜の朝、堅氷《けんぴょう》肌を貫きて、かの紅蓮《ぐれん》大紅蓮の苦《くるし》みも是にはいかで勝るべきと覚えたり。斯《か》く老いたる親、幼けなき子をさいなまれて、主は涙に暮れながら富家に向ひて、手を摺《す》り物を借り求むるなど申すも胸潰るゝ有様なり

「永牢《えいろう》」は水牢のこと、「埒《らち》」は柵、「逋税《ほぜい》」は年貢を納めないことだ。年貢の納入が間に合わなかった百姓がいたら、その親族を捕まえて水牢に入れる風習があったと書かれており、肥後では200年もの間、水牢で百姓を責め立てていたということだ。四方に柵を作り、膝上まで水が浸かるように立たせておいたといい、老親や子どもの惨状を目の当たりにして、百姓は豪農などにすがって年貢を用意したのであった。『銀台遺事』が書くように、まさに胸がつぶれる話である。

嘘の告発をした女房が「簀巻《す》き」の犠牲になる

罪人を縛り上げ、簀《す》巻きにして重しをつけて水中に放り込んで殺す処刑法を「柴漬《しばづけ》」あるいは「臥漬《ふしづけ》」、「簀巻き」という。犠牲者を布などで包んで水中に投げ落とす方法として、「簀巻きにする」という表現が現在でも残っている。

戦国時代中期、中国6か国の太守として権勢を誇った大内義隆《おおうちよしたか》の小姓に、宮部久米助《みやべくめすけ》と浅茅鹿馬助《あさじしかますけ》という者がいた。あるとき、ある女房の告発により、義隆は久米助に鹿馬助の成敗を命じた。鹿馬助と昵懇《じっこん》の間柄だった久米助は、このことを鹿馬助に打ち明け、刺し違えてともに死ぬことを提案した。鹿馬助は自分だけ切腹すると答えたが、久米助は承知せず、二人は遺書を残したうえで抱き合って、ついに入水《じゅすい》自殺してしまった。

二人の遺書を読んだ義隆は自分の非を悔いて、嘘の告発をした女房を処罰するのだが、『義残後覚《ぎざんこうかく》』（安土桃山時代後期に編纂されたとされる雑話集）には、次のように書かれている。

さゝへたる女ばうをめしいだして、このもの共が追善《ついぜん》にせよとて、中ノ瀬にてふしづけにしてすて給ふとぞきこえにける

「さゝへる」は嘘の告発をすること、「女ばう」は「女房」、「ふしづけ」は「臥漬」だ。嘘の告発をした女房を召し出して、死んだ二人の追善にせよと言って、中ノ瀬で臥漬けにして捨てたというわけだ。

『浄瑠璃物語絵巻』の一場面。浄瑠璃御前の母・長者が簀巻きにされるシーン。（MOA 美術館蔵）

絵巻物に残された「簀《す》巻き」の方法

江戸時代の17世紀中ごろに描かれた『浄瑠璃《じょうるり》物語絵巻』という絵巻物がある。岩佐又兵衛《いわさまたべえ》という絵師が描いたもので、室町時代中期に成立した物語草子『浄瑠璃物語』を題材にしたものだ。これは、牛若《うしわか》と浄瑠璃御前《ごぜん》との恋物語で、牛若とは源義経《みなもとのよしつね》のことだが、内容は次のとおりだ。

奥州《おうしゅう》へ下る牛若は、その途中で浄瑠璃御前と恋に落ちる。一夜の契りを結んだ牛若は、平氏を亡ぼしたら迎えにくると言って旅立ち、見事に平氏を討ち果たした牛若が迎えに行くと、浄瑠璃御前はすでに死んでいた。浄瑠璃御前が、母の長《ちょう》者《じゃ》から屋敷を追い出されて、悲しい最期を遂げたことを知った牛若は、長者を処刑することにした。このとき牛若が選んだ処刑法が、「柴漬」だった。長者は簀で巻かれて川へ沈められた。

上記の絵は江戸時代のものだが、まだ戦国の気風が残っていた頃に描かれたものであり、戦国時代の「柴漬」も同様のようにされていたと考えていいだろう。

女性が犠牲になった「箱磔《はこはりつけ》」

井原西鶴が書き残した「箱磔《はこはりつけ》」のやり方とは

源　頼朝《みなもとのよりとも》が父の敵である長田忠致《おさだただむね》父子を処刑したときに使用した「土八付《どばっつけ》」に似た方法に、「箱磔《はこはりつけ》」というものがある。

江戸時代初期に井原西鶴《いはらさいかく》によって書かれた『武道伝来記《ぶどうでんらいき》』という書に、次のようなエピソードがある。『武道伝来記』は戦国時代の逸話をもとに書かれた書なので、ある程度は戦国時代の風俗が反映されていると考えられる。

戦国時代、陸奥《むつ》国福島に橘山刑部《たちばなやまぎょうぶ》という武士がいた。刑部は野澤《のざわ》と小梅《こうめ》という2人の女中を寵愛していたが、小梅が刑部の権威をかさに着てわがままに振る舞ったため、刑部の寵愛はしだいに野澤に集中していくようになった。寵愛が薄れたのは野澤のせいであると小梅は思い、小梅はついに彼女を殺害しようと決意し、菓子に「斑猫《はんみょう》」という大毒を仕込み、それを野澤に送りつけた。そうとは知らない野澤が、その菓子を女中仲間と一緒に食べたところ、7人全員が死亡してしまった。

しかし、小梅だけが生き残ったことで疑いを招き、ついに小梅の悪事は露見する。被害者の遺族は

「牛裂《うしざき》にしても慊《あきた》らず」として、「箱磔」という復讐の手段を考案した。それは松の木で作られた大きな箱で、次のような細工をしたものだった。

目口の所に穴をあけて彼の女を入れ、毒害にあひし女房どもの親兄弟をよびよせ、恨みを晴らすためとて、此の箱の蓋より身にこたふる程の大釘をうたせける、歎《なげ》く片手に悪やと打つ者もあり、かへらぬ昔と打たぬもあり、身内に空所もなくして、人の命も強し、九日十日までは確かに息のかよひ、十一日の暮がたに終りぬ

目と口のところに穴を開けた箱に小梅を生きたまま入れ、遺族たちが代わる代わる釘を打ちこんでいったというわけだ（死んだ人間は帰らないといって打たない人もいた）。小梅はその中で10日間も生き続け、11日目に絶命したというから残酷な処刑法を考案したものだ。

『武道伝来記』の挿絵。実際は箱には蓋がつけられていたと思われる。また、見せしめとして行われたことがうかがえる。（国立国会図書館蔵）

甲斐武田一族に流れる残虐の血

通常の仕置に火あぶりを行っていた武田信玄

甲斐《かい》国の武田《たけだ》家は、武田信虎《のぶとら》の代に戦国大名化し、信玄《しんげん》、勝頼《かつより》の三代で戦国時代を代表する武家に発展した。この3人もまた、ほかの戦国大名と同じように、残酷な処刑法を使った恐怖政治を敷いていたことで知られる。

信虎は、子の信玄・信繁《のぶしげ》兄弟に罪人の試《ため》し斬《ぎ》りをさせたという話が伝わっている。試し斬りは、刀の切れ味を試すため、あるいは自身の腕を試すために、生きたままの罪人を斬り捨てることだが、人の体を斬るというのはことのほか難しく、刀の腕が相当に熟練していないと、たいてい斬りそこなってしまう。それを、まだ年端もいかない兄弟にやらせたのだから、うまくいくはずがない。果たして罪人たちは、信玄・信繁兄弟の刀によって、無残にも斬り刻まれたという。

信玄にも、信虎の残虐性は受け継がれた。

あるとき、家臣の志村金之助《しむらきんのすけ》という武士が、自身の従者と口論になった。腹を立てた志村は刀を抜いて斬りかかると、その従者は脱兎のごとく逃げ出した。そこに、志村と仲の良い武笠与一郎《むかさよいちろう》という男が

武田信玄像（信松寺蔵）
甲斐武田家の最盛期を現出した英雄。父・信虎と同様に厳粛な治世を行った。

武田信虎像（大泉寺蔵）
甲斐武田家を有力戦国大名に押し上げた実力者だが、その治世は恐怖政治だった。

通りかかり、武笠は志村に加勢して従者を追ったが、従者の最後の抵抗にひるんでしまい、足を斬られてしまった。

結局、その従者は志村に斬り殺されたが、これを聞いて信玄は激怒した。たかだか従者の成敗に2人がかりとは武士として恥ずかしい。武笠にいたっては傷まで負っている。武士の風上にも置けないという理由で、2人は逆磔《さかさはりつけ》の刑で処刑されたのだった。

また、信玄は火刑《かけい》もよく行っていたようで、『甲陽軍鑑《こうようぐんかん》』には「信玄公常々の御仕置《おしおき》なればあぶるべし」（信玄公は通常の刑罰として火あぶりを行っていた）と記録されている。

信玄の子・勝頼にも残忍さを示す逸話が残されている。

人質数百人を焼き殺したり、捕えた敵兵を磔にしたり、罪人を火あぶりにかけ、ときには熱した鉄板の上で焼き殺したこともあったという。

織田信長が行った残酷な「宗教弾圧」

比叡山の焼き討ちで3000人を虐殺した信長

戦国時代の英雄的な武将である織田信長《おだのぶなが》にも、残虐性を示すエピソードが残されている。天下統一をめざす信長には多くの敵がいたが、手ごわい相手として立ちふさがったのが、比叡山延暦寺《ひえいざんえんりゃくじ》と一向一揆《いっこういっき》（浄土真宗《じょうどしんしゅう》）などの宗教勢力だった。

1571年（元亀《げんき》2）、信長は10万余の大軍を擁して、比叡山に攻め寄せると、山の四方から一斉に火を放ち焼き打ちを開始した。比叡山が、信長に敵対する近江《おうみ》の浅井《あざい》長政と越前《えちぜん》の朝倉義景《あさくらよしかげ》に味方したための報復であった。信長は事前に延暦寺に対して講和を求めていたが、延暦寺はまさか信長が本当に焼き討ちするわけもあるまいと高をくくり返事をしなかったため、ついに焼き討ちを決行したのだった。

当時の延暦寺は戦闘集団という一面をもっていたが、中にはまじめに信心に励む僧侶もいたし、宗教の勉強に取り組んでいた子供もいた。また、戦乱から逃れてきた避難民もおり、比叡山には非戦闘員が大勢いた。

しかし、信長は非戦闘員も含めて、逃げ道を奪ってことごとく焼き殺していった。このとき、道に折り重なった焼死体は3000にのぼったともいうから凄まじい。さらに、難を逃れた者たちを捕えては首を斬り、斬首《ざんしゅ》された者は1600名を数えた。

織田信長軍が比叡山を焼き討ちしている様子を描いた挿絵。(『絵本太閤記』より。国立国会図書館蔵)

次に1574年(天正《てんしょう》2)、信長は伊勢《いせ》長島《ながしま》の一向一揆軍を壊滅させたが、そのときも大量虐殺を行っている。このとき捕えられた捕虜は2万人で、信長は全員を火刑に処したのである。

2万人の捕虜は、数珠《じゅず》つなぎにされて刑場に連行された。信長は、彼らが逃げ出せないように四方を柵で囲み、薪《まき》や柴《しば》を積み上げ、さらにその薪は受刑者から距離を取っておかれた。これは、遠火で時間をかけて殺すための措置で、処刑と同時に拷問の苦しみを与えたわけだ。

徐々に体を焼かれる苦痛は筆舌に尽くしがたく、捕虜たちは焦熱地獄に焼かれながら、悲鳴、号泣、念仏が周囲を包み、まさに阿鼻《あび》叫喚《きょうかん》の地獄絵図だった。2万人の犠牲者はことごとく焼き殺され、その光景は見物人はもとより、信長配下の武将ですら直視できなかったという。

キリシタンにくわえられた信じがたい拷問と処刑

日常的に拷問に苛まれたキリスト教たち

戦国時代に入ってきたキリスト教だが、戦国大名の多くは布教を許すか黙認し、キリスト教は日本にも徐々に広まっていった。しかし、豊臣秀吉《とよとみひでよし》が全国を統一すると、秀吉は一転してキリスト教を禁止し、続く徳川家康《とくがわいえやす》も秀吉の政策を踏襲した。そして、安土桃山時代後期から江戸時代初期にかけて、キリスト教は弾圧の対象となり、多くのキリスト教徒が拷問と処刑の犠牲になった。1639年（寛永《かんえい》16）に編纂された『吉利支丹《きりしたん》物語』という書には、

やゝもすれば拾人廿人《じゅうにんにじゅうにん》づつさがし出されて火あぶり、さかはつけ、水つけ、さまざまの御せいばい

と書かれている。「さかはつけ」は「逆磔《さかさはりつけ》」のことだ。キリスト教徒に対しては火責め、磔《はりつけ》、水責めなどの拷問が日常的に行われていたことがわかる。また、『契利斯督記《きりすとき》』という史料には、

火アブリ穴ツルシ、或ハ水ニテ嗷《ごう》問《もん》シ、木馬ニ乗《のせ》、殺サズシテ度々嗷問イタシ候

という記事がある。穴吊るしや木馬責めなどもキリスト教徒に行われたことがわかる。

キリスト教徒の弾圧は、棄教・改宗させるのが目的なので、キリスト教徒には、殺さないように加減しながら、何度も拷問が加えられたのである。

人相が変わるほど腫れ上がる「水磔《みずはりつけ》」

キリスト教徒に対してはさまざまな拷問・処刑が行われたが、まず「水《みず》磔《はりつけ》」という拷問について見ていこう。

江戸時代中期に編纂された『耶蘇天《やそてん》誅記《ちゅうき》』という史料に、寛永年間（1

日本におけるキリスト教徒の虐殺を描いたもの。後ろに斬首された人の首が並べられている。

624～1645年）の出来事として、江戸品川沖でキリスト教徒が水磔にされたという記事があり、その様子を次のように描写している。

吉利支丹《きりしたん》宗門の男女を国々より搦《から》め捕《とらえ》て、江戸へ引来り、品川表鈴《すず》ヶ森《もり》の浪打際《なみうちぎわ》へ活《いき》ながら逆さまに釣り置て、潮の満来る時は自ら頭を波に浸して、暫時息絶へ、又汐の干去る時は自ら甦るがごとくす

キリスト教徒の男女を国々から捕えて江戸へ連れてきて、品川の鈴ヶ森の波打ち際に生きながら逆磔にし、潮が満ちると自然と首から下が水に浸かるようにしたということだ。逆さに磔にされるだけでも厳しい拷問であるのに、それに水責めを加えたわけで、犠牲者たちの苦しみは計り知れない。

このときのことを、『武門諸説拾遺《ぶもんしょせつしゅうい》』という江戸時代中期に編纂された逸話集には、

汐引きときは顔はれて人相替り、此世の人とも思はれず、八日間に死にてけり

と書かれている。逆さに磔にされているため、頭に血が集まってしまい、人相が変わるほど顔がはれたというから残酷な話である。

基本的に、キリスト教徒に対しては改宗させるのが第一だったので、簡単には殺さない。そのため、このときも水磔にされた人々は、8日間も生かされ、苦痛を味わう羽目になったという。

精神的なダメージも与える「穴吊るし」

吊るし責めの一種で、磔柱《たっちゅう》を使わずに被害者の両手両足を縛り、逆さにした状態で木に吊るしたり、井戸のつるべにくくりつけたりする拷問方法があった。

いわゆる逆磔に似た方法だが、それに加えて地面に穴を掘って、そこに吊るすことで精神的なダメージを与えた。これが「穴吊《あなつ》るし」という拷問である。

『契利斯督記』にキリシタンに加えられた拷問を羅列した箇所があるのだが、そこに「或ハ火アブリ、亦ハコロバセ、或ハアナツルシ」と書かれている。「アナツルシ」が「穴吊るし」だ。

中浦ジュリアンが穴吊るしの拷問を受けている様子を描いたもの。

穴吊るしは拷問として行われることが多かったのだが、時には、次のような事態も起こったという。

穴ノ内ニテ苦《くるし》ミナキワメキ死候

「穴の中で苦しみ、泣き、喚き、死んだ」ということで、穴吊るしは死に直結する拷問だったのである。

逆さに吊るすだけでも逆磔と同様の苦痛

があり、頭に血が集まり、数時間もすれば口や鼻から血が噴き出したという。さらに処刑者を苦しめたのは、暗く狭い穴に長時間も放置されることだった。身動きできない状態で、暗くて狭い場所に放置されるのは想像以上の精神的ダメージを伴う。

1633年（寛永10）、イエズス会宣教師のクリストファン・フェレイラが捕えられ、棄教を迫られた。このとき彼に科せられたのが、「穴吊るし」だった。フェレイラは、5時間にわたって穴吊るしの拷問を受けた結果、ついに棄教した。

このとき、ローマ教皇に謁見したことで有名な天正遣欧使節《てんしょうけんおうしせつ》の一員、中浦《なかうら》ジュリアンも穴吊るしの拷問を受けたが、中浦は最後まで棄教せず、ついに殉教した。

ほかにも、ある女性キリシタンが穴吊るしの拷問を受けた記録が残っているが、彼女が吊るされた穴は、人一人がやっと通れるくらいの細い穴だったという。

彼女は、この拷問を10日間にわたって耐え続け、ついに棄教することはなかった。しかし、だからといって許されるわけではなく、彼女はそのまま吊っていた縄を切られ、地中深くに転落死したという。

敬虔なキリスト教徒を棄教させた「俵詰め」

『吉利支丹物語』には、キリスト教徒が「俵詰《たわらづ》め」という拷問にかけられたという記録が残されている。

1614年（慶長《けいちょう》19）、幕閣の重臣であった大久保忠隣《おおくぼただちか》が、キリシタン取り締まり強化のために京都に派遣されてきた。忠隣は、徳川家康が三河《みかわ》を平定する前から家康に仕えていた徳川幕府の重鎮で、当時はすでに70歳を超えていた。忠隣は京都に着くなり、キリシタンを捕らえては俵に詰めていったという。『吉利支丹物語』には次のように書かれている。

き丶つけ次第たわらにいれ給ふ。たわら二まいにまき、五ところゆいにしてくびばかりいだしければ、さながらみの蟲《むし》のごとし。先《まず》京中の者どもは、四でう五條のかはらにさんづみにして、五十石三十石づ丶つみかさね

『吉利支丹物語』に載せられた俵詰めを描いた挿絵。俵に巻かれ、胴体の部分を5カ所結ばれているのがわかる。俵詰めにされて積み上げられたキリシタンの奥にあるのは火あぶり用の薪であろう。

「キリシタンがいると聞きつけると、そのつど俵に詰めた。俵を二枚に巻き、5カ所を結んで首だけが出るようにしたので、さながらミノムシのようだった。まず、京の者たちは四条と五条の河原に積み上げられた」という意味になる。30～50も積み上げたというから、下にいる人々の苦しみは想像を超える。この点については、

したづみになりたるものの申やう、うへよりをしつけられ、もちおもりがしていききるゝ

と描写されている。下に積まれた者がいうには、上より押しつけられて、だんだんと重くなって息もできないというわけだ。

最終的には、「一度に火あぶりにしてくれん」という脅し文句も加わり、多くのキリスト教徒が棄教したと書かれており、非常に厳しい拷問だったことがうかがえる。

なお、「俵詰め」を考案したとされる大久保忠隣は、京都に到着してわずか2日後、政争に敗れて改易《かいえき》処分となり、出羽《でわ》国へ流された。

磔にかけられたキリスト教徒。

キリスト教徒が斬首されたところ。

第5章
泰平の世に潜む残酷絵巻
——江戸幕府が定めた拷問と処刑

江戸

戦国時代の気風を受け継いだ初期の江戸幕府

牛裂《うしざ》きや釜ゆでは行われなかったが過酷な拷問はあった

徳川家康《とくがわいえやす》が天下を統一して、戦国時代は終わりを告げたが、だからといって日本の風景ががらっと変わったわけではない。家康も、その子・徳川秀忠《ひでただ》も、そして幕府を取り仕切る徳川家の家臣たちも、みな激しい戦国の世を生き抜いてきた武士たちばかりである。江戸時代という新しい時代になっても、戦国の気風が排除されなかったのは、ある意味、仕方のないことであった。

江戸時代も初期の頃は、戦国時代と同様に、残酷な処刑や凄惨な拷問が残存し、引き回しや獄門、晒し首に代表される見せしめ刑による威嚇主義による支配が行われた。幕府の支配力もまだ万全ではなく、外様《とざま》大名の動向も流動的だったためだ。

江戸幕府では、『武家諸法度《ぶけしょはっと》』や『禁中並公家諸法度《きんちゅうならびにくげしょはっと》』で武士や公家たちの行動を規制し、庶民に対しては高札《こうさつ》による触書《ふれがき》で道徳を示したが、刑法に関してはなんの規定もなく、そのため苛烈な拷問が公然と行われ、数々の凄惨な処刑法がまかり通っていた。

この頃は、各地でも戦国時代さながらの拷問が跋扈《ばっこ》し、島原《しまばら》で行われたキリシタン弾圧の過酷な拷問

保科正之像（土津神社蔵）
4代将軍・徳川家綱を支えた、徳川家光の異母弟。文治政治への転換に重大な役を担った。

徳川家綱像（徳川記念財団蔵）
家綱の代に武断政治から文治政治へ転換し、刑罰も徐々にゆるやかなものに変わっていった。

も、この時期のものである。出羽《でわ》地方では、手足を一本ずつ斬り落としていくという耐えがたい拷問があり、受刑者を裸にして雪のなかに埋める「雪責め」も行われていたという。

こうした風潮が低下するのは、4代将軍・徳川家綱《いえつな》の代になって、武断《ぶだん》政治から文治《ぶんち》政治へ転換が図られてからだ。家綱の側近・保科正之《ほしなまさゆき》は、「刑死者があるのは君徳の至らざることである」と主張し、見せしめ刑罰を見直したのである。殉死《じゅんし》を禁止したのもこの頃だった。

宝永《ほうえい》年間（1704〜1710）まで使われた『元禄御法式《げんろくごほうしき》』という判例集には鋸《のこ》引《ひ》きや火《か》刑《けい》などが載せられ、これが公刑として意識されるようになる。ここには牛《うし》裂《ざ》きや釜《かま》ゆでなどの残酷刑は見られない。

しかし、これはあくまで判例であり、刑法が整備され明文化されるのは、8代将軍・徳川吉《よし》宗《むね》の登場まで待つことになる。

『公事方御定書』で決められた拷問の順番

拷問は認められたが苦言を呈する意見もあった

8代将軍・徳川吉宗《よしむね》の治世下の1742年（寛保《かんぽう》2）、江戸時代の刑法典となる『公事方御定書《くじがたおさだめがき》』が制定され、刑法が制定された。これによって、拷問も刑罰も法制化され、表面的にはみだりに拷問にかけられることはなくなった。

ただし、拷問自体がなくなったわけではなかった。『公事方御定書』は自白主義をとっており、証拠がいくらあっても自白がなければ裁けなかったのである。そのため、自白を得るための拷問は許可されていた。

『公事方御定書』では、殺人、放火、盗賊、関所破り、謀書謀判（文書や印章の偽造）の5つの犯罪において、証拠があるのに自白しないときに限り、拷問を許可すると定めている。当初は、犯罪の別なく自白のための拷問が許されていたが、年を経るごとに限定、追加されていった。

『公事方御定書』によって幕府が公認した拷問は、「笞打《むちう》ち」、「石抱《いしだ》き責め」、「海老《えび》責め」、「吊るし責め」の4種類である。このうち、笞打ちと石抱きを責問《せきど》いといい、海老責めと吊るし責めを拷問として区別した。これらの拷問は順番も決まっており、訊問の段階で自白をしない容疑者には、まず笞打ちが科せられた。笞打ちでも自白しなければ、石抱きの拷問に移され、その後、海老責め、吊るし責めの順となっていた。拷問の時間には制限がなく、また回数にも制限はなかった。自白しない容疑者には何時間でも、極端な話をすれば、何年間でも繰り返し拷問することが許されていたのである。

拷問が公認されたとはいえ、拷問を行う役人は不名誉であるとする考え方もあった。徳川家光《いえみつ》の側近で幕藩体制の確立に尽力した老中《ろうじゅう》・松平信綱《まつだいらのぶつな》は、あるとき江戸町奉行の神尾元勝《かみおもとかつ》から、被疑者を拷問するかどうかを尋ねられたとき、次のように答えたと『翁草《おきなぐさ》』という史料に書かれている。

科人《とがにん》拷問致《いたす》は奉行《ぶぎょう》の耻《はじ》なる事也。其所以《そのゆえん》は不智慮《ふちりょ》にて吟味浅く尋問その智なき故の拷問也。拷問せられて苦敷儘《くるしきまま》に云《いう》事多《おおく》は正しからぬ物也。然《しから》ば拷問は不入事にて奉行の不智慮顕《ふちりょあら》はるゝ也

意訳すると、「罪人を拷問するのは奉行の恥である。それは思慮が足らず、吟味が浅く、尋問に知恵がないからこそ拷問を行うのである。拷問されて苦しいままにした自白の多くは正しくないものである。だから拷問はいらないものであり、奉行の思慮が足らないことを表している」というわけだ。

また、国学の大家・本居宣長《もとおりのりなが》も、紀伊《きい》藩主・徳川治貞《はるさだ》の諮問に答えて奉答した『秘本玉《ひほんたま》くしげ』という著書のなかで拷問について言及している。「拷問せられて、苦痛の甚だしきにたへずして、偽りて我也と白状する事あるを、白状だにすれば、真偽をばさのみたゞさず、其者を犯人として、其刑に行ふやうの類もあり」（拷問による苦痛から偽りの白状をすれば、それは真偽を正さないうちにその者を処刑してしまうこともある）と述べ、拷問に対して苦言を呈している。

笞打ちの前の拷問「留置」されるという拷問

留置場では鎖につながれ足枷《かせ》をつけられる場合もあった

江戸で犯罪が起こった場合、犯人の身分によって管轄する役所が違った。たとえば、江戸にある大名屋敷内は一種の治外法権であったため、屋敷内で犯罪が起こっても町奉行などの幕府機関は手が出せなかった。ただし、藩士が大名屋敷を離れた町地で犯罪を起こした場合は、町奉行《まちぶぎょう》が捕まえて裁くことができた。また、大名や旗本、御家人が江戸の町地で犯罪を起こしても、将軍の直臣《じきしん》である彼らを町奉行は裁けず、評定所《ひょうじょうしょ》が裁くことになっていた。

江戸の町地で庶民が犯罪を起こした場合は、与力《よりき》や同心《どうしん》が自身番《じしんばん》や町民などから事件発生の報告を受けたり、与力や同心自身が犯罪を発見したりすることで事件が発覚し、それを町奉行所に訴えた。

自身番で一通りの取り調べを行ったあと、容疑濃厚と判断された容疑者は「大番屋《おおばんや》」に移送される。大番屋は江戸市中に7カ所ほどあったといわれ、ここで同心による取り調べが再度行われることになる。容疑が確定するまで1日以上かかる場合は、容疑者はここに留め置かれたが、留め置かれる場合は、容疑者は鎖につながれることもあった。

『徳川刑事図譜』所収の「大番屋留置所の図」。鎖でつながれ、なかには足枷をつけられた人物、両手足を束縛された人物もいるのがわかる。（『江戸刑罰実録』所収）

明治時代に編纂された『徳川刑事図譜《とくがわけいじずふ》』（江戸時代の刑罰について文章と挿絵で説明した本）という書に描かれた絵を見ると、板張りの壁に鉄の輪っかが取り付けられていて、後ろ手に縛られた容疑者がそこに鎖でつながれている。容疑者の二の腕と首には縄がかかり、足枷《あしかせ》をかけられて身動きできない状態の人もいる。また、後ろ手に縛られたうえに、両脚を背中のほうに無理やり曲げさせられて、両脚の親指と両手首を縄でつなげられた状態で、板張りの床の上に転がされている人もいる。

大番屋に留め置かれたすべての容疑者がこのような仕打ちをうけたわけではないが、留置されることが一種の拷問となっていたことがわかる。

さらに、大番屋での取り調べでは、自白を得るための拷問が当然行われていた。『大番屋下調の図』という別の絵を見ると、同心らしき男が後ろ手に縛った両手の間に棒を差し込んで捻じりあげて責めている様子が描かれており、正式な拷問の前段階で、厳しい拷問が課せられていたことがわかる。

江戸時代になっても認められた「笞打ち」

自白を迫る第一の手段として認められた「笞打ち」

容疑者に自白を迫るための手始めの拷問が、「笞打ち《むちう》」だ。

笞打ちを行う準備として、まず容疑者のもろ肌を脱がせて後ろ手に縛り、左右の腕先を肩に届くほどに締め上げる。これは、肩の肉を集めて、笞打ちが骨まで達しないようにするための配慮だが、かなり無理な体勢を強いられるので、長時間そのままだと腕が使えなくなってしまうこともあった。そして、容疑者が笞打ちの最中に倒れないように、縄先を前後に引いて、下男2人がこれを支える。

容疑者を縛る縄は苧縄《おなわ》（麻糸をより合わせて作った縄）というもので、この縄は皮膚に食い込み、緊縛されただけでも相当の苦痛となったといい、この段階で自白する者も多くいた。

笞打ちに使用される杖は「箒尻《ほうきじり》」と呼ばれる。長さが1尺9寸（約57・6センチメートル）、太さが三寸（約9・1センチメートル）ぐらいの竹を苧縄で包み、それに紙を巻き付けて作られていた。20～30回ほど叩くと皮膚が破れて出血したといい、流血がひどい場合は、傷口に砂をふりかけて血止めしたという。自白しなくても、だいたい100～150回ほどで笞打ちは終了し、いったん手当てしてから後日に再開されることになっていた。

打ち役は最初は1人だが、容疑者が自白しなければ2人で打ち、自白を迫った。

女性の場合、女性の容疑者が生理の最中には拷問が中止された。また、女性の容疑者が笞打ちの最中に暴れて、太ももが露出した場合には、拷問を中止して裾を直さなければならなかった。そのため、わざと倒れ込んで両足を広げ、少しの時間でも苦痛から逃れようとする者もいたという。こうしたことが何度も続くと、容疑者の両膝を縛って笞打ちを行った。

幕末、隠れキリシタンに対して笞打ちを行ったという記録がある。隠れキリシタンたちの手足を苧縄で後ろに縛り、荷造りをするかのように網の目のように体にかけていく。苧縄は水を含むと膨らんで体を締め上げる性質があるので、苧縄に水を注ぎ、体全体を苧縄で食い込ませたという。さらに、これに笞打ちを加えたところ、多くのキリシタンが棄教したというから、笞打ちの拷問は第一段階の拷問とはいえ、かなりの効果を発揮したことがうかがえる。

『徳川刑事図譜』所収の「笞打ちの図」。(『江戸刑罰実録』所収)

幕府公認の拷問となった「石抱き責め」

「笞打ち」で自白しなかった場合「石抱き責め」が認められた

「石抱《いしだ》き責め」とは、文字どおり、石を抱かせて責める拷問である。三角に削った木の板5本を波形に並べた「算盤板《そろばんいた》」という台の上に、容疑者を後ろ手に縛って正座させる。5つの角がある台の上に座るわけだから、角がすねにあたってこれだけでも相当の苦痛をともなう。そして二の腕に回した縄で背の柱に縛り付け、身動きできない状態にしておく。このとき、背中が丸まらないように、後ろ手に縛る際には胸を張った姿勢になるように注意したという。なぜなら、石を徐々に積んでいくことで胸が圧迫されるからだ。

こうして準備を整えたあと、吟味与力《ぎんみよりき》が「いま自白すれば取りやめるが、申し上げぬなら石を抱かすぞ」と宣言し、それでも白状しない場合に、石抱き責めがはじまる。使われる石は長さ3尺（約90・9センチメートル）、厚み3寸（約9・1センチメートル）、重さが12貫（約45キログラム）と決められていた。この石を「責め石」といい、責め石をまず太ももに1枚載せて、再び尋問する。それでも自白しない場合はもう1枚載せ、どんどん積み上げていく。なかなか自白しない容疑者に対しては、係官が積

『刑罰詳説』に描かれた「石抱き責め」。(『江戸刑罰実録』所収)

み上げた責め石をゆさぶったりして苦痛を大きくする工夫をした。

白洲《しらす》には責め石が10枚用意されていたが、5枚も積まれればどんなに屈強な男でも、ときに鼻や口から血を噴き出して卒倒することもあったという。

3年越しの石抱き責めに耐えた罪人

1834年(天保《てんぽう》5)、江戸日本橋の小物問屋から鼈甲《べっこう》性の櫛《くし》4枚を盗んだ容疑で、入墨定蔵《いれずみていぞう》こと木鼠《きねずみ》吉五郎《きちごろう》の一味が逮捕された。十両未満の窃盗は、「重《じゅう》敲《たたき》の上入墨」と決められていたが、吉五郎は前科者ですでに入墨が入っていた。入墨者の再犯は死刑である。吉五郎は下調べの段階では自白しなかったため、町奉行による拷問が行われることになった。

『拷問実記《ごうもんじっき》』という書によると、吉五郎はなんと3年越しで27度の拷問を受けている。

一度目の拷問は笞打ちのうえ、石抱き責め5枚だったが白状しなかった。2度目も同じ拷問が行われたが白状せず、3度目は責め石を2枚増やして7枚にしたが無駄だった。

しかし、5度目の拷問の日、縛り上げる前に吉五郎はついに白状した。これで吉五郎の罪は確定したかにみえたが、拷問のやりすぎか、吉五郎は病気になってしまい、仕置は来年の春まで延期されることになった。

そして年が明けて3月、回復した吉五郎は再吟味を訴えて、再び否認に転じたのである。こうして、吉五郎は再度、拷問にかけられることになった。『拷問実記』には、吉五郎に行われた拷問が列挙してあるのだが、1835年（天保6）に行われた拷問は次の通りだ。

未四月九日　縛敲《しばりたたき》、石八枚、決せず（※白状しないということ）
同月十一日　同断（※前回と同じ拷問という意味）
同月十三日　縛敲、石八枚、決せず
五月十八日　縛敲、石九枚、決せず
閏七月一日より十八日まで八度、縛敲、石九枚、決せず
同月廿七日　縛敲、石七枚、決せず
八月十八日　縛敲せず、石七枚、決せず
但昼四時より夕七時迄掛置、決せず
九月廿二日　縛敲、海老責《えびぜめ》二た時（※約4時間）**程置、決せず**
十一月十一日　縛敲きびしく、石八枚、決せず
十二月二日　海老責、決せず

17回もの拷問を受け、石抱き責めより厳しい海老責めも2度受けたが、吉五郎は白状しなかった。吉五郎に対する拷問は翌年も続いた。

申二月十三日　縛敲、石九枚、決せず
三月二日　縛敲、石十枚、決せず
四月四日　縛敲、石九枚、決せず
四月十一日　拷問決せず（釣責の事）
四月廿一日　再拷問、決せず
**　但四時六分より九時六分迄掛置、決せず**
都合廿八度（※廿七の間違い）、**内海老責二度、拷問二度**

責め石10枚といえば、合計450キログラムという重さだが、吉五郎はこれにも耐え、最後の手段である「吊るし責め」を2度行っても白状しなかったのである。

奉行所の係官たちは、「当人死を覚悟致し居る」（『拷問実記』より）と見て、これ以上拷問しても吉五郎は白状しないだろうと考えた。しかし、『公事方御定書』では、犯人の自白がなければ裁くことはできない。どんなに証拠・証人がそろっていても、当人の自白がない限りは処罰できないのである。結局、吉五郎は「察斗詰《さっとづ》め」という特例で処刑された。察斗詰めとは、容疑者の自白なしに処罰することで、老中の許可を必要とする特例中の特例であった。

石抱き責めの次の段階「海老責め」

身動きができないように縛られる拷問

石抱《いしだ》き責めで白状しない場合、海老《えび》責めに移行する。これ以降は、責問《せきど》いではなく拷問となり、拷問蔵で行われることになっていた。

海老責めは、そのフォルムから箱責《はこぜ》め、鞠責《まりぜ》めとも呼ばれた。海老責めの拷問は、5代将軍・徳川綱吉《とくがわつなよし》のとき、火附盗賊 改《ひつけとうぞくあらため》 中山勘解由《なかやまかげゆ》がはじめたものと伝えられている。

海老責めは、容疑者の上体の衣服を脱がせて、両腕を後ろに回して手首を縛る。次に、あぐらをかかせた状態で足首を縛り、それぞれ後ろ手を縛った縄を、両肩から前に回して両すねにめぐらして縛り上げる。胴体がかがんだ状態となり、縛った足とあごが密着するまで縄を引き絞り、その状態のまま放置する。

どれだけ柔軟な体をもってしても、これは相当に無理な体勢で、1時間もたてば、血行が悪くなるため全身は赤くなり、冷や汗や脂汗が流れ出し、さらにそのまま放置されれば、血のめぐりが悪くなって紫色に変色し、やがて青黒くなる。そして半日ほどで全身蒼白となり絶命に至るという過酷な拷問であった。

海老責めの最大の苦痛は、身動きできないため、体をよじって痛みをまぎらわすことができないことにある。そのため、精神的なダメージも相当なものがあった。

また、胸を圧迫されるため呼吸困難となり、会話もままならなくなったという。

「海老責め」。足と腕を縛られ自由を奪われたうえ、無理な体勢となるので、犠牲者にとっては非常に厳しい拷問となった。（国会図書館蔵）

海老責めは、半日も放置されれば、ほぼ間違いなく命を落とす苛烈な拷問だったといい、さらに海老責めの態勢で、箒尻《ほうきじり》で体を打ったり、同時に石抱き責めを行うこともあったというから、その苦痛ははかりしれない。

徳川幕府の与力《よりき》として拷問に立ち会った、佐久間《さくま》長敬《おさひろ》が書き残した『拷問実記《ごうもんじっき》』（1893年成立）によれば、「然《しか》れども、斯《か》くまで堪得《たえう》る者は、いとまれなり」（しかし、ここまで耐え得る者は大変珍しい）とあり、厳しい拷問であったことがわかる。

この拷問には医者が付き添ったが、やりすぎると死ぬ可能性があったための措置であった。ただし、『拷問実記』には、死を迎えるまでにほとんどの容疑者が白状したと書かれている。

最後の拷問手段となった「吊るし責め」

見た目以上につらい拷問だった「吊るし責め」

海老責《えびぜ》めでも屈しないと、最後の拷問となる「吊るし責め」にかけられることになる。吊るし責めも、拷問蔵で行われた。拷問蔵の天井の梁には、頑丈な鉄環が1つ打ちこまれており、柱には2個の鉄環が打ち込まれている。柱の鉄環は、地上から4尺（約1・2メートル）のところに1つ、1尺（約30センチメートル）のところに1つ取り付けられていて、天井の鉄環は回転するように止められていた。

この天井の鉄環から容疑者を吊るして、自白を促すのである。

吊るし責めを行う際は、まず容疑者の上半身を裸にし、首と二の腕に縄をかけて手首を後ろ手に縛る。続いて、両方の二の腕を背中で重ねて半紙で巻き、2本に引き分けた縄で2か所を固く縛っていく。その2本の縄尻を天井の鉄環に通し、さらに柱に取り付けられた2つの鉄環に通して結び止める。

これで、容疑者の体は吊るされた状態となる。吊るす高さは、床から3寸6分（約11センチメートル）と規定された。

後ろ手に縛っただけで吊るされると、手首だけが上に引っ張られることになり、両腕が使い物になら

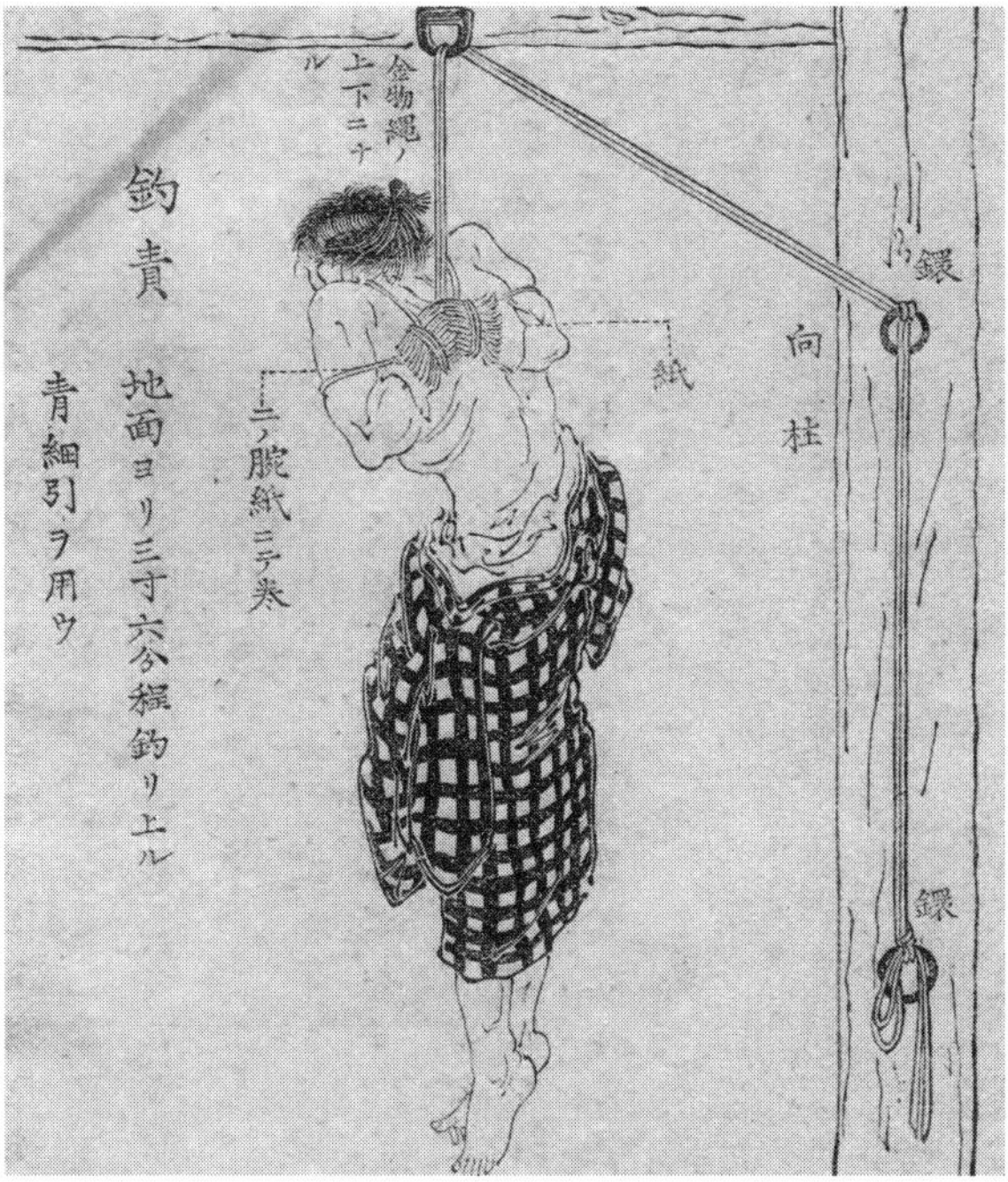

『拷問実紀』所収の吊るし責めの図。滑車の原理を使って容疑者を上手に吊るしている様子がわかる。（国立国会図書館蔵）

なくなるほどの衝撃であったため、必ず胸と二の腕を緊縛してから、後ろ手に縛るようになっていた。

吊るし責めは、全体重が両腕と肩にかかるので、見た目以上に相当な苦痛をともなう拷問である。時間がたつにつれ、縄が皮に食い込み血行障害を起こし、1時間もたてば脂汗と一緒に血が噴き出したという。

さらに、吊るされるだけでなく、抵抗できない容疑者に対して笞打《むちう》ちの拷問も加えられる。苦痛で体をよじれば、その揺れでさらに縄が食い込み、その痛みは尋常ではなかった。拷問に制限時間はなかったが、吊るし責めは2、3時間が限界とされた。どれだけ頑強な者でも、それ以上耐えることは不可能だったのである。

吊るし責めより過酷だった「駿河問い」という拷問

ここまで説明してきた4種類の拷問（「笞打《むちう》ち」「石抱《いしだ》き責め」「海老責め」「吊るし責め」）が、江戸時代に公式に認められた拷問である。

しかし、これはあくまで表向きのことのことだった。いつの時代でも同じだが、権力を握った人間がルールを破った拷問に走るのは世の常。当然、江戸時代の日本でも、決められたもの以外の拷問も非公式に行われていた。

その一つに、吊るし責めの応用となる「駿河問い《するがど》」という拷問がある。

『慶長見聞集《けいちょうけんぶんしゅう》』(江戸時代初期にまとめられた雑話集)には、笞打ち、石抱き、海老責め、吊るし責めの拷問に耐え抜いた大鳥一兵衛《おおとりいちべえ》という男が、駿河問いの拷問に科せられたというエピソードが残されている。

大鳥一兵衛は江戸の人で、徒党を組んでけんかや辻斬りなどを行う無法者である。

それでは、『慶長見聞集』に書かれた駿河問いの様子を見ていく。

爰《ここ》に彦坂九兵衛《ひこさかくへえ》と云ふ人、たくみ出せる駿河とびとて、四ツの手足をうしろへまはし、一ツにくくり、せなかに石を重荷にをき、天井より縄をさげ、中へよりあげ一ふりふれば、ただ車をまはすに似て、惣身の油かうべへさがり、油のたる事、水をながすかごとし
「彦坂九兵衛という人が趣向を凝らして編み出した駿河問いといって、両手両足を後ろへ回して一つにくくり、背中に石を重しとして置き、天井より縄を下げ、その縄を縒り上げて一振りすると、まるで車輪を回すのに似て、全身の脂が頭へ下がり、脂汗がしたたることは水を流すかのようだ」という意味である。

通常の吊るし責めよりも無理を強いられる姿勢であり、そのうえ石が背中に乗っているので、非常に過酷な拷問といえよう。

しかも、駿河問いは吊るすだけではない。その状態のまま受刑者の体を回して縄によりをかけ、コマのように勢いよく受刑者の体を振り回すのである。容疑者は、左右に何度も振られることになり、受刑者の全身から脂が絞り出され、鼻や口からは血泡が吹き出すほど過酷な拷問であった。

一兵衛は、水が流れるように脂汗をしたたらせたといい、あらゆる拷問に屈しなかったが、ついに白状したというから、この拷問の苛烈さがわかるだろう。一兵衛に下された刑罰は、引き廻しのうえ磔《はりつけ》、晒し首という極刑であった。

『慶長見聞集』にあるように、駿河問いは彦坂九兵衛という人が考え出したといわれている。九兵衛が駿河奉行を務めていたことから「駿河問い」と呼ばれるようになったという。それにしても凄まじい拷問を考えついたものである。

非合法に行われた江戸時代の「水責め」

私刑の方法のひとつして存続した簡単な拷問

拷問としての水責めは、江戸時代では公式の拷問としては採用されなかった。徳川幕府の与力《よりき》として拷問に立ち会った、佐久間長敬《さくまおさひろ》が書き残した『拷問実記《ごうもんじっき》』（1893年成立）にも、「水責火責或《あるい》は水牢木馬の如きは、用ゐたる例を聞かず」と書かれている。

しかし、実際は水責めが行われることもあったようだ。前項で紹介した大鳥一兵衛は、駿河問いの前に「水責め」の拷問も受けている。『慶長見聞集』には、次のように書かれている。

からだをせめて、など心をばせめぬぞといへば、にくきやつが広言かなとて、荒手を入かへて、五日七日十日廿日水火のせめにあて、様々に推問《すいもん》がうもんすれども更にくるしむ気色なく

「体を責めて、なぜ心を責めないのだと言うので、憎き奴の口先だけの言葉として、拷問役を入れ替えて、5日〜20日間水責め、火責めを行い、さまざまに水問と拷問をしたが、いっこうに苦しむ気配もない」という意味になる。水責めだけでなく火責めも行われていたことがわかる。
また、水責めは私刑の一つしても行われていた。たとえば、ルールを破った遊女に対しては、水責めが行われた。『世事見聞録《せじけんぶんろく》』という書に、遊女《ゆうじょ》に対する拷問が記述されている。

又は丸裸にして縛り水を浴せる也、水湿る時は苧縄《おなわ》縮みて苦しみ泣き叫ぶ也

水を浴びせる拷問のほかに、湿った苧縄《おなわ》（麻糸をよりあわせた縄）で遊女を縛るという拷問があったことがわかる。苧縄は水で湿らせると徐々に縮んでいくため、縄が体を締め付け、泣き叫ぶほどの苦しみだったというわけだ。
近松門左衛門《ちかまつもんざえもん》が描いた『井筒業平河内通《いづつなりひらかわちがよい》』という浄瑠璃《じょうるり》にも、私刑としての水責めが出てくる。

髻《たぶさ》を掴んで仰向けに取つて伏せ、口押し割つて差向けたり、折から連《しき》る雨の脚、漲《みなぎ》り落つる雨滴は、連々として移すが如く、眼を閉《とづ》れば鼻に入り、口を塞げば息ふさがり、咽喉《のど》につまる苦しさに、両手に蔽《おほ》へば捥《もぎ》放す

業平という男からの恋文を預かった女が、恋文の宛先の女の夫に責められている場面だ。髪の毛をつかんで仰向けに組み伏せ、口を押し開けて水を流し込む。折から雨も降っており、目を閉じれば鼻に入り、口を塞げば息ができず、のどに詰まって苦しいので両手で覆うが、その手をむしるように放すということだ。水責めは手軽にできたので、江戸時代になっても残存していたのだった。

幕府転覆の首謀者が受けた凄惨な「熱湯責め」

慶安の変の犯人に「火責め」と「熱湯責め」の拷問

1651年（慶安《けいあん》4）、由井正雪《ゆいしょうせつ》による幕府転覆計画が発覚するという大事件が起こった。これを慶安の変という。

この年、3代将軍・徳川家光《とくがわいえみつ》が死去し、将軍の代替わりの混乱を狙って蜂起するという計画であった。具体的には、改易《かいえき》などで浪人となった武士たちを組織した由井正雪が、江戸、京都、大坂で同時多発的に兵を挙げ、混乱に乗じて天皇を擁し、幕府討伐の勅命を得る計画だったという。

ところが、この計画が幕府側に漏れてしまい、江戸で蜂起する予定だった丸橋忠弥《まるばしちゅうや》が捕縛された。江戸時代に国家転覆を図ることは大罪であり、『公事方御定書《くじがたおさだめがき》』が制定される前でもあったので、忠弥に科せられた拷問は凄惨をきわめた。

忠弥に加えられた拷問は「火責め」であった。慶安の変について江戸時代に書かれた『望遠雑録《ぼうえんざつろく》』という史料を見ていこう。

駕籠《かご》を組みて其中《そのなか》へ忠彌《ちゅうや》を入れ、中に釣りて下に炭火を山の如く積上げ、四方より團扇《だんせん》を以てあふぎ立てく、焔《ほのお》は丸橋が身を焦がせば油流れて息油煙みちみち袂《たもと》に煙は余りける。阿鼻大焦《あびだいしょう》のくるしみも是れには過ぎじと見えにけり

忠弥は籠のなかに入れられて、その下に山のように積み上げられた炭火を燃やし、四方から団扇《うちわ》で仰ぎ立て、忠弥の身を焦がしたというのだ。忠弥は脂汗を流し、煙に包まれ、地獄の業火の苦しみ以上の苦しみを受けたと書かれており、火と煙で責められる拷問がいかにつらいかがわかるだろう。

それでも忠弥は仲間の居所を白状しなかったため、さらなる拷問を受けることになる。

『望遠雑録』には、

一日の内に幾度となく責め悩まされ、或《あるい》は口へ湯をつぎ込み或は脛《すね》をひしぎ、火責水責天秤向なんどいへるあらゆる責に及び

と書かれている。熱湯を無理やり口に注ぎ込まれる「熱湯責め」のほか、脛を押しつぶされる拷問や、火責め、水責めなど、ありとあらゆる拷問を受けたというのである。ほかの史料によると、背中を切り裂き、そこに鉛《なまり》の熱湯を注ぎ込むという拷問まで行われたという。

こうした苛酷な拷問の末、忠弥は磔《はりつけ》で処刑された。

一方、今回の事件の主犯である由井正雪は、京都に向かっていた道中の駿河《するが》で捕縛されそうになって自害し、大坂にいた金井半兵衛《かないはんべえ》も捕えられる前に自害し、幕府転覆は未遂で終わった。

加賀藩の奥女中を苦しめた「蛇責め」

加賀騒動の当事者である女中に自白を迫った拷問

江戸時代の石川県は加賀《かが》藩の前田《まえだ》家の支配下にあった。前田家は外様《とざま》でありながら徳川家とは良好な関係を保っており、政権は安定していた。しかし、100万石という大藩であったため、何事につけてもお金がかかり、第5代藩主・前田吉徳《よしのり》の頃には財政難が顕在化していた。

そこで吉徳が抜擢したのが足軽《あしがる》出身の大槻伝蔵《おおつきでんぞう》だった。伝蔵は藩の財政改革を推し進め、一定の成果を上げたが、1745年(延享《えんきょう》2)の吉徳の死去とともに失脚した。6代藩主となった吉徳の長男・宗辰《むねたつ》は翌年早世し、吉徳の次男・重熙《しげひろ》が継いだが、1748年(延享5)、重熙と浄珠院《じょうじゅいん》(宗辰の生母)の毒殺未遂事件という大事件が起こる。犯人として捕らえられたのが奥女中の浅尾《あさお》で、黒幕は吉徳の側室だった真如院《しんにょいん》であった。そして、真如院と伝蔵が密通していたことが暴露され、伝蔵は自害、真如院は処刑された。

この一連の事件を加賀騒動といい、この事件の過程で、逮捕された浅尾という奥女中に対して、凄惨な拷問が行われたとされる。それが「蛇責め」という拷問だった。『見語大鵬選《けんごたいほうせん》』という書には次のように書かれている。

大なる瓶《かめ》の中へ浅尾を入れ、蓋に穴を明け首ばかりを出し、数百の蛇を其の中へ入れ、惣身に巻きつかせ、酒をつぎ込めば、蛇酒を呑みて其の身のくるしさに浅尾が骸《からだ》を貫通し苦しましむる

大きな甕に浅尾を入れ、首だけを出した状態で蓋をしめ、その中に数百の蛇を入れたというのである。蛇は浅尾の体に巻き付き、そこに酒を入れたため、蛇は苦しがって浅尾の体を貫き、浅尾の苦しみは尋常ではなかったというわけだ。

この事件自体が藩内の守旧派によるでっち上げだったとされており、浅尾に対して蛇責めが本当に行われたかどうかは不明だ。

しかし、『見語大鵬選』は18世紀末に書かれたものであり、加賀藩に「蛇責め」という拷問がかつてあったからこそ、史料に残っていると考えていいだろう。

加賀騒動の当事者である浅尾の蛇責めを描いた浮世絵（明治時代初期）。浅尾の蛇責めは、江戸時代の歌舞伎や講談の題材になるほど著名な事件となっていた。（国立国会図書館蔵）

加賀騒動のもうひとつの拷問「押込め」

一日中足を曲げたままという精神的拷問

前項で紹介した加賀《かが》騒動の当事者となった大槻伝蔵《おおつきでんぞう》の話だ。伝蔵は前田吉徳《まえだよしのり》の死後に失脚し、越中《えっちゅう》五箇山《ごかやま》に配流された。加賀騒動が起こったときも伝蔵は五箇山におり、その地で自害した。

越中五箇山は当時、加賀藩の配流地として利用されており、そこには「流刑小屋」という小屋があった。伝蔵はそこに入れられたのだが、それは「厳敷押籠《きびしくおしこめ》」という拷問に近い刑罰だった。「厳敷押籠」とは、狭い空間に閉じ込めることである。1761年（宝暦《ほうれき》11）に編纂された『越路加賀見《えちじかがみ》』という書がある。これは加賀藩で起きた騒動をまとめた読み物だが、その中に「厳敷押籠」についての記事がある。

此《こ》の獄屋の有様、月日の影を見る事能《あた》はず。いか成《な》る工夫にてか仕立てけん。内に入るとひとしく安座する事叶はず。昼夜足を曲げざる仕懸《しかけ》にて其《そ》の苦しみ云《い》ふ計《ばかり》なし

伝蔵が押し込められた流刑小屋の描写だが、「伝蔵が押し込められた獄屋は、月の光も日の光も見ることができないようになっていた。どのような工夫で仕立てたのかわからないが、中に入るとくつろいで座ることはできず、昼夜足を曲げた状態となり、その苦しみは口では表現できない」という意味になる。また、同じく加賀藩の騒動について書かれた『野狐物語《やこものがたり》』という書には、

方六尺四方角物の材木を以てさくみ、食入れる狭間一つ天井に有り。八寸釘を隙間もなく打返し、下は片さがりに板をはり、一躰《いったい》に其の下は十丈計《ばかり》ふかき穴を掘り、(中略)立居も自由の叶はざる仕かけ也

とある。「約1・8メートル四方の材木で作られ、食べ物を差し入れる窓がひとつ天井にある。八寸釘を隙間なく打ち返し、床板は片下がりになっていて、その下には10丈ほどの深い穴がある。(中略)立つこともままならない仕掛けである」という意味だ。さらに「口に鎖し封印し」とも書かれており、ここに押し込められた人はしゃべることもできなかったといい、精神的なダメージも相当だったことがうかがえる。

五箇山(富山県)に復元された「流刑小屋」。足を伸ばせないほどの小ささで、灯もほとんど入らない設計になっている。

絵島事件で使われた「うつつ責め」

大奥の年寄に科せられた拷問の実態

1714年（正徳《しょうとく》4）、江戸城大奥で絵島《えじま》事件という事件が起こった。1月12日、大奥の年寄を務めていた絵島という女性が、前将軍・徳川家宣《とくがわいえのぶ》の命日に芝増上寺《ぞうじょうじ》に参詣した。絵島は、その帰り道に、50人ほどの女中とともに芝居小屋に立ち寄り、公演が終了した後に酒宴を催した。

ところが、この酒宴が長引き、絵島一行は大奥の門源である16時までに帰ることができず、絵島はその責任を問われることになった。絵島は厳しく訊問され、酒席を共にしていた生島新五郎《いくしましんごろう》という役者も、同じく取り調べを受けた。

新五郎には「石抱《いしだ》き責め」の拷問が科せられ、新五郎は絵島との肉体関係を認めた。まだ『公事方御定書《くじがたおさだめがき》』が制定される前の出来事なので、新五郎に対する拷問の苛烈さは想像に難くない。

大奥の年寄という立場上、絵島と新五郎の密通は大事件となり、絵島への取り調べはいっそう厳しくなった。

しかし、絵島は新五郎との密通を認めず、絵島には「うつつ責め」という拷問が科せられた。

『聿修録《いつしゅうろく》』（江戸時代後期に編纂された逸話集）という史料には次のように書かれている。

昔より不寝問《ふしんどい》と謂《い》ふことあり。此上《このうえ》は不寝問こそ然《しか》るへしと申けれは何《いず》れも左こそありとて三日三夜か間不寝問にぞしたりける

「不寝問《ふしんどい》」は文字どおり「寝ずに問う」ことで、うつつ責めのことだ。

うつつ責めは、睡眠を一切とらせずに何日間も尋問を繰り返す拷問だが、絵島はこの責めを3日3晩くわえられたということだ。人間は5日間の不眠で生命に危険をきたすほど衰弱するというから、不眠のうえに訊問も加えられる3日間は堪えがたい拷問であった。

絵島はうつつ責めにあっても新五郎との密通を認めなかったが、規律違反を問われて流罪となった。新五郎は三宅島《みやけじま》に流罪となり、絵島の兄は監督責任を問われて斬首、芝居小屋の座長や作家にも流罪が言い渡されるなど、総勢1500人以上が処分されたのである。

絵島と生島を描いた明治時代の浮世絵。絵島事件は庶民の間でも知られた事件だった。（国立国会図書館蔵）

4種類もあった「斬首」

「死罪」と「斬罪」は何が違うのか

『公事方御定書《くじがたおさだめがき》』で規定された処刑には、「死罪《しざい》」、「下手人《げしゅにん》」、「斬罪《ざんざい》」「切腹《せっぷく》」、「獄門《ごくもん》」、「磔《はりつけ》」、「火罪《かざい》」、「鋸引《のこひ》き」の8種類があった。このうち、「死罪」、「下手人」、「斬罪」、「切腹」が、いわゆる「斬首刑」と呼ばれるものだ。

「死罪」は、財産没収と引き回しの晒し刑が追加される斬首刑だ。さらに、遺体が試し斬りに使われることもあった極刑である。「下手人」は追加の刑が加わらない斬首刑で、死罪とは違い遺体が家族に下げ渡される。こういう点から、同じ斬首刑でも、下手人のほうが死罪よりも軽いものとされた。

「斬罪」と「切腹」は、武士に対する斬首刑だ。切腹は、武士が自ら腹を切り、そのあとに首を斬る刑罰で、武士としての面目を保てるという意味で、斬罪より罪一等軽いものとされていた。

すべて首を斬ることには変わりないが、身分の高低と罪の内容によって区別されていたのである。

斬首が執行される斬場を「土壇場《どたんば》」といい、中央には「血溜《ちだま》り」という四角い穴が掘ってあった。血溜りは、首を斬られた死刑囚の血を捨てる穴で、刑執行時以外は厚木の蓋がされていた。

斬首の場面を描いた絵。首は下にある「血溜まり」に落ちる。（『江戸刑罰実録』所収）

斬首の手順としては、まず血溜まりの前にむしろを敷き、死刑囚を座らせる。この場を、首の座という。首の座に座らされた死刑囚を、手伝い人足2〜3名が、暴れないように後ろから押さえて草履を脱がせる。そして、咽喉縄を切り、着物を下に引き下げて首から肩を露出させ、死刑囚の首を前に突き出すようにして押さえ込む。その後、首斬人といわれる執行役が首を切り落とし、斬られた首は血溜りに落ちる。首が落ちると、その傷口から大量の血が噴出するので、手伝い人足は首のない死体を傾けて、血溜りに落とし込んだ。胴体からの出血が落ち着くまでそのままの状態で、一度の斬罪で2リットル以上の血が流れ出たという。

斬首は、熟練していないと失敗してしまう難しい方法である。刀が首に命中しないで、肩や頭を斬りつけてしまうこともあり、死刑囚に無駄な苦しみを負わせることもあった。斬刑に臨んで、死刑囚がどんなに冷静を保っていても、斬られる瞬間には本能的に首を縮めてしまうので、熟練した首斬人は、「まだ斬りはしない」と油断させておいて刀を振り下ろしたという。

放火犯に科せられた「火刑」

『公事方御定書』が定めた火あぶりのルール

火刑は火罪ともいい、放火犯に科せられた極刑である。火刑には引き回しの付加刑がつけられており、死刑囚を処刑場に連行する道中、庶民に見せしめのために市中を引き回した。庶民といえども家名が重要視された江戸時代において、引き回しはこのうえない屈辱であった。

火刑の方法は江戸と上方で異なっており、江戸では、死刑囚を梟木《きゅうぼく》（処刑用の柱）に縛りつけ、茅700把で全身を覆い隠して火をつけた。一方、上方では梟木に固定した鉄環に首をはめ、周囲に茅や薪を置いて火をつけた。上方の場合、死刑囚の顔が見えるという違いがあったのである。

死刑囚は、梟木に腰、太腿《ふともも》、足首を縛りつけられ、左右の肘の上部あたりを、吊った輪竹に結びつけられた。このとき、縄が焼き切れないように泥を塗り込んだ。続いて首が梟木にくくられ、死刑者の四方に茅が積まれて準備完了だ。執行人は、風上から火を付け、火を煽って火勢を強めると、あっという間に巨大な炎と化し、肉が焼かれる異臭が周囲を包み込んだ。

茅が焼き落ちて火勢が弱まると、そこには黒こげとなった無残な死刑囚が姿を現す。燃え残った茅を取り除き、死刑囚が男の場合は鼻と睾丸を焼いてとどめをさし、女性の場合は鼻と乳房を焼くのが決まりとなっていた。死体はそのまま3日間さらされ、死体は刑場の隅に投げ捨てられ、野犬や鳥のエサとなった。通常であれば、すぐに窒息して気絶する処刑法だが、風が吹くと黒煙が飛ばされ、気を失うことなく焼かれる苦痛と恐怖にさいなまされる凄惨なものになった。死刑囚は気絶と蘇生を繰り返し、鈴ヶ森ではその悲鳴が8キロ先まで聞こえたという。

江戸時代の火刑の例で著名なのは、八百屋お七の火刑であろう。1683年（天和《てんわ》2）、お七は以前の火事で、避難所で会った男に恋をし、また火事になれば避難所で再会できると考え、実家に放火した。この事実が発覚し、お七は放火の罪で逮捕され、火刑が言い渡された。お七は、馬に乗せられ江戸市中を引き回されたあと、千住《せんじゅ》河原で生きたまま焼き殺されたのだった。

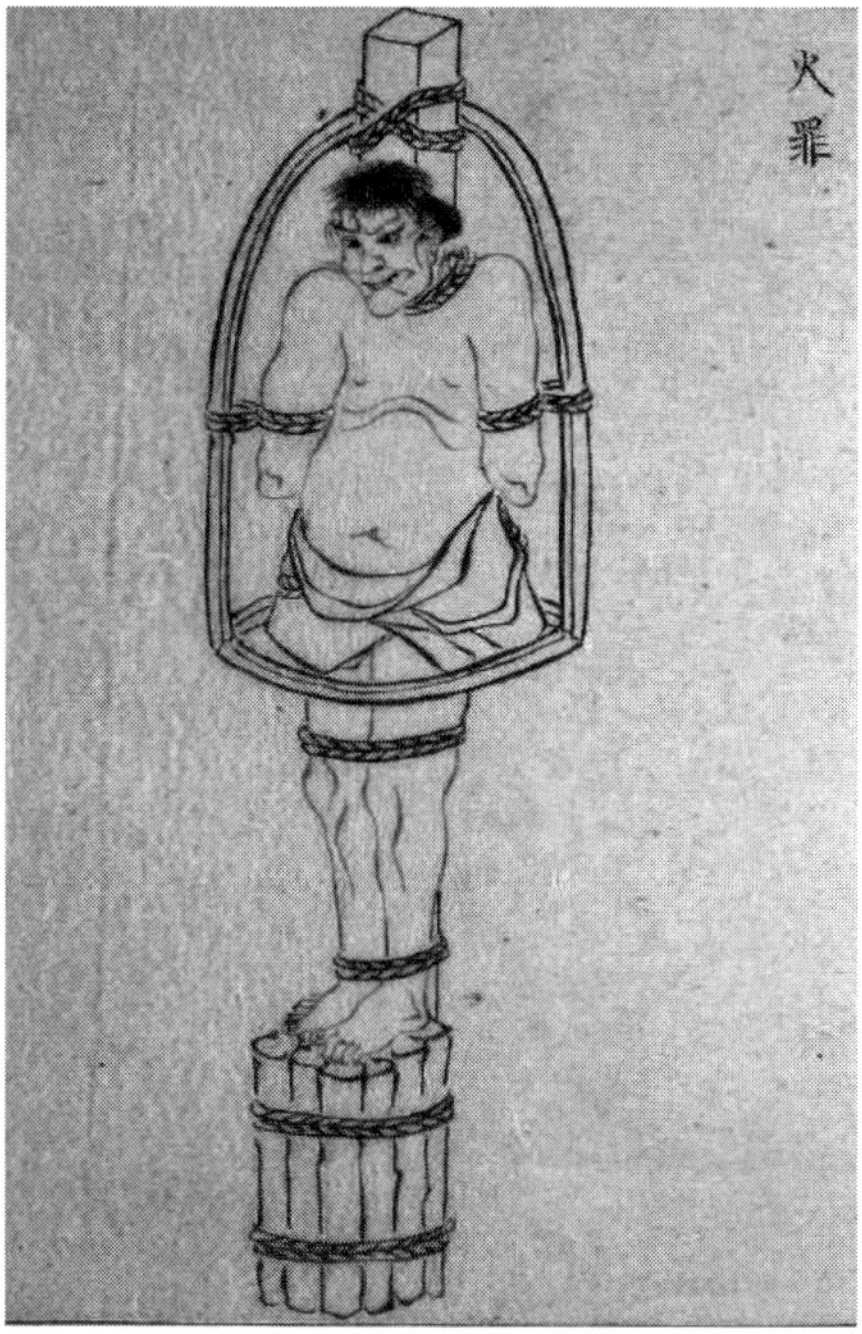

火刑に処された罪人は、このような木の枠組みに縛り付けられた。このあと、周囲に茅などで覆って火をつけた。

慶応《けいおう》年間（1865〜1868年）、伊豆《いず》国三島《みしま》宿でおせきという女性が火刑を言い渡されたが、このときおせきは見せしめのために全裸で引き回され、そのまま火刑に処されたという。見物人が大勢おしかけ、その混雑は三島神社の祭礼よりにぎやかだったと記録が残っている。裸にして火刑にするのは幕府が定めたものではなく、特異な例といえる。

農民も犠牲になった「磔《はりつけ》」

「磔《はりつけ》」にも細かいルールが定められた

磔《はりつけ》は古くから行われていた極刑だが、『公事方御定書《くじがたおさだめがき》』でも正式な処刑法として規定された。磔に処されたのは、関所破りとその案内人、姦通《かんつう》したうえに本夫を殺害した女性、主人及びその妻子を傷害した者、親を殺害した者、女を誘拐して遊女に売った者、貨幣を偽造した者などだった。

引き回し後に刑場に到着すると、受刑者を磔柱に縛りつける。男性の場合は、横棒2本をキの字型にした柱を使い、女性の場合は十字架型の柱が使われた。

罪人を磔にかける柱は五寸角という太い材木を使い、長さは12尺（約3・6メートル）。これに、長さ6尺（約1・8メートル）の柱を横に2本取り付け、2本の横柱の間に腰かけ用の柱を取り付ける。腰かけ用の柱は、幅3寸（約9・1センチメートル）、長さ7寸（21・2センチメートル）で、張り付けられたときに腰が落ちないようにするための工夫であった。磔にかけるときは、地上に横たえた磔柱の上に罪人を寝かせて張り付けていく。このとき、両方の脇腹が露出するように着物を切っておいた。槍で突くときに着物が邪魔になることがあったためだ。磔柱に張り付けたら、人足10余人で柱を起こして地面に埋めて柱を安定させて準備完了である。

準備が完了すると、2人の執行人が「見せ槍」を行い、「ありや、ありや」と声をかけて、脇腹から肩先に突き抜けるように槍を突き上げて、罪人を処刑した。一度突けば、槍は受刑者の体を深くえぐり、内臓は損傷しおびただしいほどの血が流れ出す。ほぼ即死の状態で、2、3回突けば確実に絶命した。執行人はそれでも突き続け、30回まで突きとおすのが慣例となっていた。ここまで突かれると、受刑者の脇腹には大きな穴があき、臓物がはみ出て正視に堪えない状況となったという。

しかし、執行人の腕が未熟だったりすると、槍が骨に当たって貫通させられることができず、引き抜いては突き上げることを繰り返すことになり、受刑者は地獄の苦しみを味わうことになった。

そのため、江戸時代も後期になると、磔柱に縛りつける前に殺害しておくこともあった。

槍突きが終わると、竜吒《りゅうた》という長い熊手を、絶命した受刑者の髪の毛に引っかけて首を上げさせ、槍をのどに一突きしてとどめを刺し、そのまま3日間さらされた。

磔の図。真ん中ほどに腰かけ用の柱がある。（『古事類苑』所収）

江戸時代に行われた「火刑」の実態

磔刑に処されたのは原則として前記の犯罪者であったが、例外として、一揆《いっき》の指導者や中心人物、国家転覆を企む者にも磔刑が科せられた。

1653年（承応《じょうおう》2）、佐倉藩《さくら》（現在の千葉県佐倉地方）の惣五郎《そうごろう》という男が、佐倉藩主・堀田正信《ほったまさのぶ》の圧政を、将軍の徳川家綱《とくがわいえつな》に直訴《じきそ》するという事件が起こった。江戸時代、将軍への直訴は大罪であり、惣五郎はその場で捕えられて磔を言い渡された。惣五郎の妻も縁座《えんざ》で罪に問われ、同じく磔に処され、また4人の息子も斬首となり、惣五郎の土地、家屋、財産はすべて没収された。

惣五郎の場合、将軍への直訴が取り上げられて、藩主・正信に処分が下されただけに、死を賭した甲斐もあったといえるが、ほとんどの一揆は、農民の言い分が取り上げられることはなく、首謀者は例外なく磔となっている。

1686年（貞享《じょうきょう》3）には、沼田藩《ぬまた》（現在の群馬県沼田地方）月夜野《つきよの》村の農民・茂左衛門《もざえもん》が、将軍・徳川綱吉《つなよし》宛てに落書をした罪で捕らえられ、磔に処された。1717年（享保《きょうほ》2）に備中《びっちゅう》で勃発した一揆では、首謀者4名が捕えられて磔となっている。

また、1837年（天保《てんぽう》8）に起こった大塩平八郎《おおしおへいはちろう》の乱では、首謀者の平八郎は自害したが、各地で生存説がまことしやかに噂されたため、遺体を塩漬けにしたうえで翌年、磔が行われた。平八郎は元与力《よりき》で幕府の役人だったことから、当初はさらし刑は見送られていたのだが、特例で死後磔になったのである。

これら一揆だけでなく、関八州の盗賊狩を提議した甚内という男が、自身が盗賊だった過去が露見して磔を言い渡されたことがあった。ほかにも、講談や演劇で有名な侠客・国定忠治《くにさだちゅうじ》は、関所破りの罪で1850年（嘉永《かえい》3）に磔にかけられて処刑されている。

磔は明治時代にも行われており、1867年（明治1）、伊勢国無宿新助という男が、養子先で離縁されたことを恨み、夫婦を殺害したうえに金銀を盗み取るという事件が起こった。新助は、引き回しのうえ磔刑に処された。また、1869年（明治2）に惣吉という男が、奉公先だった家に強盗に入り、旧主の息子を殺害した罪に問われ、磔刑が下されている。

磔刑が廃止されたのは、1882年（明治15）のことである。

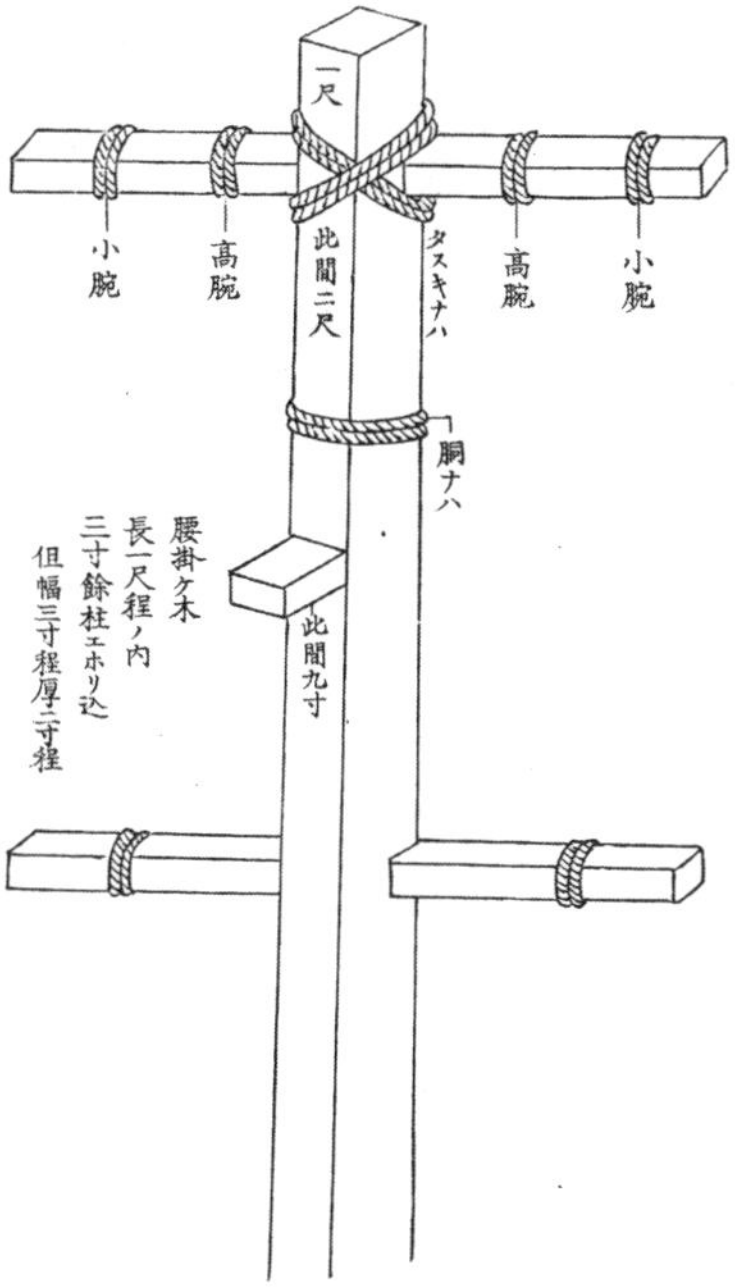

江戸時代の江戸で使われた磔柱（『古事類苑』所収）。上部の横棒に手を縛り付け、下部の横棒に足を縛り付ける。中央の突起のような板は、罪人の腰が落ちないようにするためのもの。（国立国会図書館蔵）

戦国時代の悪習「鋸引き」

江戸時代初期のキリシタンの弾圧

平安時代以来の処刑法として、江戸時代にも「鋸引《のこひ》き」は存続した。『肥前国有馬古老物語《ひぜんのくにありまころうものがたり》』という1682年（天和《てんわ》2）に書かれた書に、次のような記事がある。

1628年（寛永《かんえい》5）、有家《ありえ》村という村のキリシタン207人が、いったんは改宗したものの再びキリシタンに舞い戻ったため、再改宗を迫るための見せしめ的な処刑が行われることになった。

七人は其張本《そのちょうほん》にて候故竹鋸《たけのこ》にて挽《ひか》れ候、跡は堪《たえ》かね皆々轉《ころ》び申候

「7人はその張本人であったので、竹鋸で引かれ、あとは堪えかねて皆転宗した」ということだ。7人とは、村人を扇動してキリシタンに改宗させたとされる権左衛門《ごんざえもん》、作右衛門《さくえもん》、休意夫婦《やすおき》、又右衛門《またえもん》、監物《けんもつ》の娘、吉兵衛《きちべえ》の7人のことで、彼らは鋸引きの刑に処され、あとのキリシタンたちはその惨状を見るに堪えかねて改宗したというわけだ。この時点では鋸引きは改宗を迫るための拷問として利用されている。記事は次のように続く。

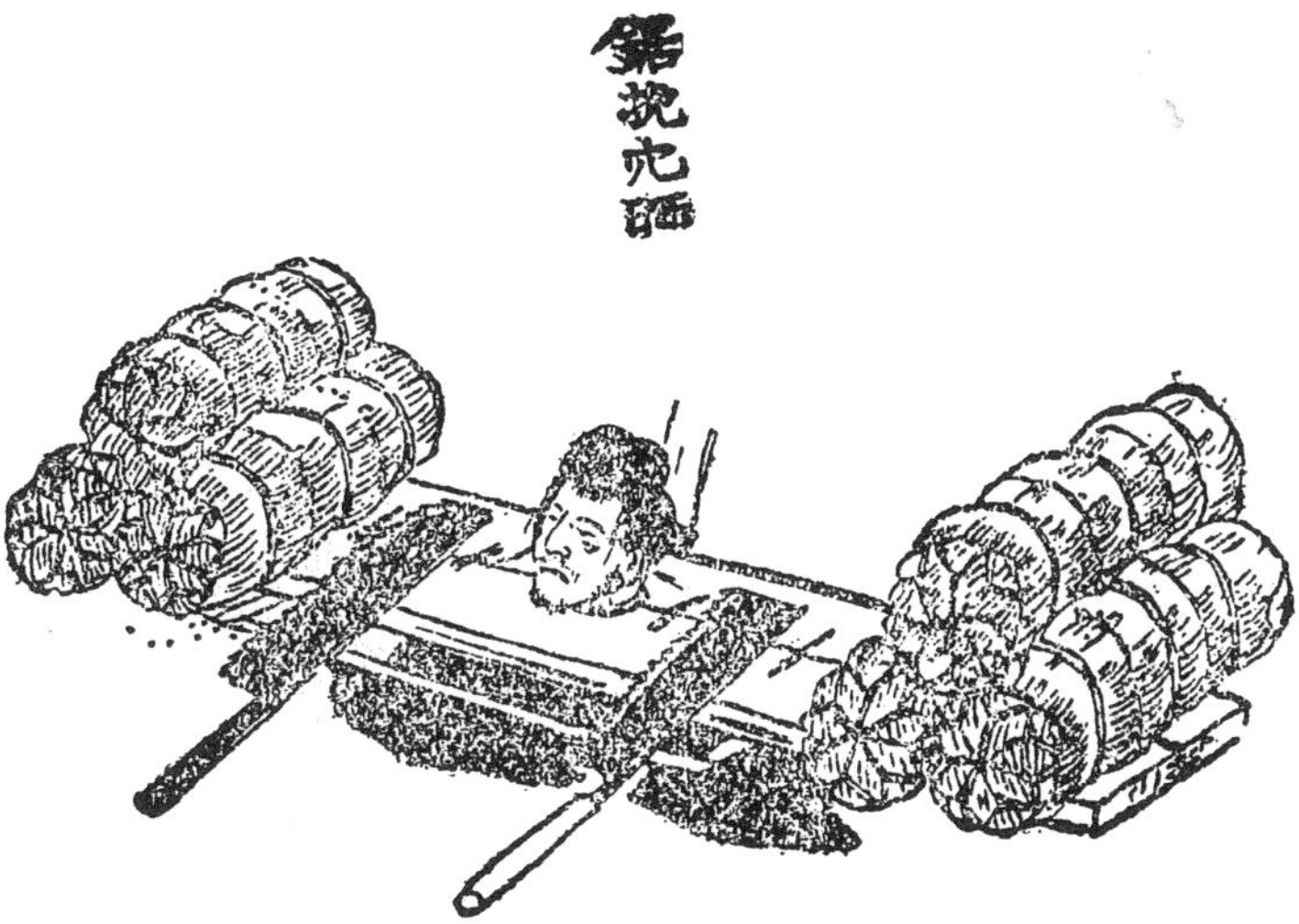

『刑事詳説』に掲載されている鋸引きの図。（『江戸刑罰実録』所収）

然《しか》れども吉兵衛一人は不轉《ころばず》、終《つい》に首を挽落され申候、然れども此《この》もの共頭人たる故、権左衛門、作左衛門者被誅候て、残四人御助被成候、其後有家村庄屋内蔵之丞《くらのじょう》を始として、以上六人堀の内の田に埋め、竹鋸にて首を引落し被成候

「しかし、吉兵衛一人だけが転宗せず、ついに首を引き落とされた。しかし、彼らの頭人であるため、権左衛門、作左衛門（作右衛門の間違いか？）は誅殺されることになり、残り4人は助けられた。その後、有家村の庄屋・内蔵之丞をはじめ6人を堀の内の田んぼに埋め、竹鋸で首を引き落とした」ということだ。

江戸時代初期の寛永年間はまだ戦国時代の気風が色濃く残っていた時代で、キリシタンへの迫害が最高潮に達する頃のことでもあり、こうした残虐な拷問・処刑が行われたのであろう。

誰でもノコギリを引いてもよかったが誰も引かなくなった

「鋸引き」は、生きたまま首から下を埋められ、のこぎりで徐々に首を引いて殺すという残酷な方法だが、江戸幕府が『公事方御定書《くじがたおさだめがき》』を制定して刑罰を明文化したときも、この処刑法は残された。

主殺し、親殺しを犯した者に科せられたのが「鋸引き」で、当時の最高刑であり極刑のひとつだった。江戸時代と戦国時代で方法は変わらないが、明文化されたことで使う道具の寸法など、細かい点が規定された。

鋸引きにも引き回しが付加刑とされており、罪人は引き回されてから処刑場に連行された。刑場には、3尺（約1メートル）四方、深さ2尺5寸（約75センチメートル）の松で作られた箱があり、罪人はその箱に座らされて地中に埋められる。箱の内側には杭が立てられており、罪人をそこに縛りつけて逃走できないようにした。

首には枷《かせ》がはめられ、その両側を板で蓋をし、さらに周囲を土で固めていく。さらに念には念を入れて、砂俵6個を重しとして蓋の上に置いて、準備完了である。

こうして首だけ地上に出るようにし、その傍らに長さ3尺（約1メートル）のノコギリが置かれ、さらにもう一本、竹でできたノコギリが置かれる。この竹ノコギリには、死刑囚の両肩を斬りつけた血を塗りつけるのが決まりとなっていた。

刑場の捨て札には、ノコギリを引きたい者は引いて構わない旨が書かれており、この状態で2日間晒されたあと、磔《はりつけ》にかけて処刑したのである。戦国時代には、庶民が実際にノコギリを引いたという記録も残されているが、江戸時代になるとノコギリを引く者はほぼいなくなり、「鋸引き」は形式だけのものとなった。享保《きょうほ》年間（1716〜1735年）になると、通行人が実際にノコギリを引かないように、同心《どうしん》が見回っていたともいわれている。そのため鋸引きは、晒し刑の意味合いが濃くなり、「穴さらし」とも呼ばれるようになった。

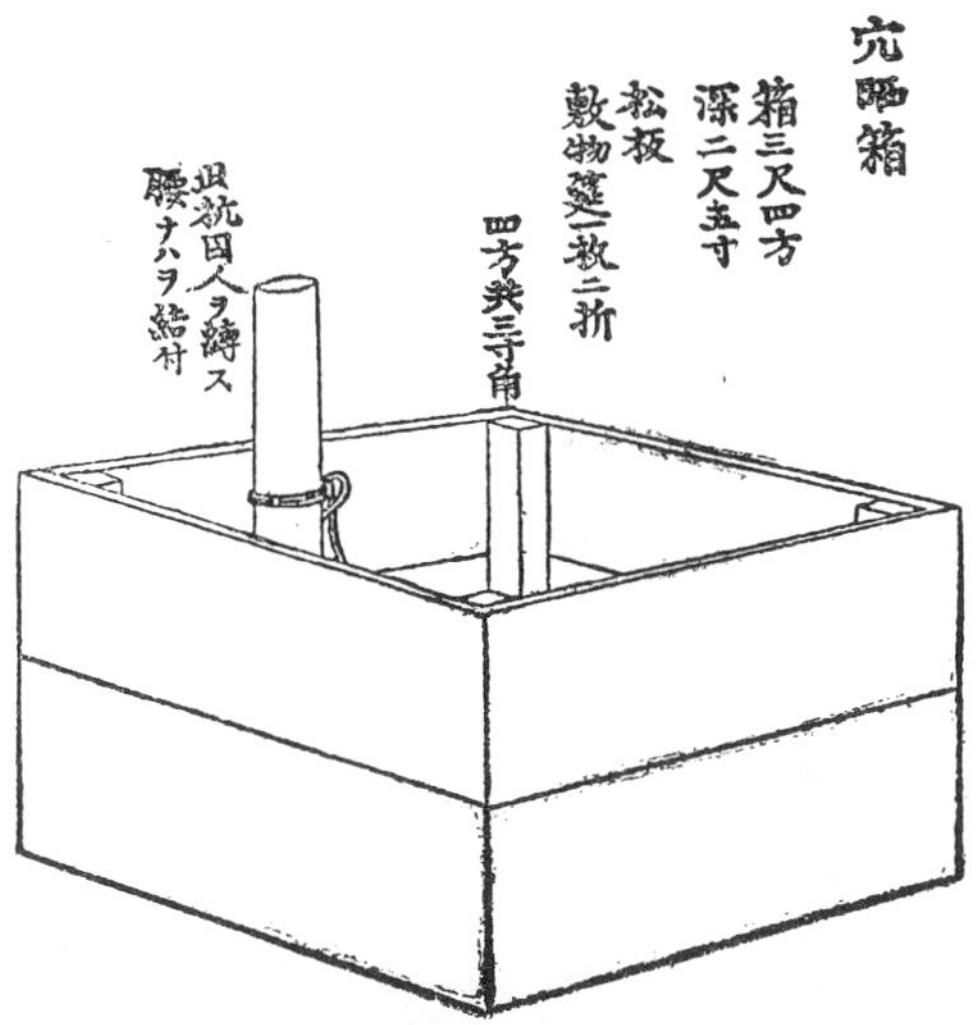

鋸引きに処される罪人を入れる木製の箱。「穴晒箱《あなさらしはこ》」という。罪人はこの中に入れられ、中にある杭に縛り付けられた。この箱を地中に埋め、罪人の首より上だけが地上にでるようにした。（『江戸刑罰実録』所収）

1820年（文政《ぶんせい》3）、呉服屋の万蔵《まんぞう》という男が、主人の妹を殺害した罪で捕らえられ、鋸引きを言い渡された。ところが、万蔵は主人の妹を殺した後に自殺していたため、万蔵の死体は塩漬けにされ、法律どおりに引き回されたのち、2日間の穴さらしを経て磔に処されたという。罪人は死んでも許されなかった。

封建時代において、主殺しはもっとも重い罪であり、万蔵のように死亡していたとしても、見せしめのためにも刑は通常とおりに執行されたのである。

また、回向院《えこういん》前の私娼だった銀猫お辰という女性が、主人殺害の罪で鋸引きに処されたが、お辰は生きたまま裸で塩漬けにされて、鋸引きにあったという。

体をバラバラにする「釣胴《つりどう》」

加賀藩で実際に執行された残酷刑

江戸幕府は、「密通いたし候妻と密通の男は死罪」という姦通《かんつう》罪を採用しており、条文のとおり、夫のある女性が夫以外の男と通じた場合は死罪となった。

これは諸藩もほぼ同様で、江戸時代の日本では姦通罪は極刑に値する大罪だったのである。『犯姦集録《はんかんしゅうろく》』という書に、加賀《かが》藩で姦通した二人を「釣胴《つりどう》」(「生《いき》つり胴」とも)という方法で処刑したという記事がある。安永《あんえい》年間(1772〜1780年)に成立した『道庵夜話《どうあんやわ》』という書によると、釣胴とは、

両手を上の木へ固く結はへ、宙に下げ、太刀取左右より立向ひ、一人の者乳の下を胴切に切落せば、首のおもりにつられてひつくりかへり、首は下の方へ成る所を、又一人の太刀取首を切落す事なり

という処刑法である。受刑者を後ろ手に縛って柱の横木に結んでつるし上げ、身体が折れ曲がった状態で宙づりにしたうえで、胴体を刀で横に斬りつけて真っ二つに切り離すというわけだ。下半身がなく

なった上半身はバランスを失い、頭の重さで転回して頭が下になったところで、首を斬り落としたのである。身体が3つに分かれるので「三段斬り」ともいったという。

1753年（宝暦《ほうれき》3）にも、加賀藩で「釣胴」が行われたという記録が残っている。

その頃の加賀藩は、藩主が2代続けて若死にしたこともあって財政難となり（藩主の葬式には莫大な資金がかかるため）、それを解消するために銀札《ぎんさつ》を発行したのだが、急激なインフレを招いて失敗した。城下は博打《ばくち》や闇屋が横行して治安が乱れ、盗賊も横行するようになったが、そんな頃に一人の盗賊が捕まった。そして、その男は獄舎の同僚二人を誘って脱獄を計画するのだが、計画は未然に発覚し、この盗賊は翌年、「釣胴」で処刑されたのであった。

また、加賀藩では「生袈裟《いきげさ》」という処刑法もあった。土を盛って、その上に罪人を横たえて、執行人が胴と首とを同時に斬る方法である。1680年（延宝《えんぽう》8）、盗みを働いた足軽が「生袈裟」で処刑されたという記録が残っている。

福知山藩で実際に行われた「坑刑《こうけい》」

生き埋めのまま7日間生き続けた犠牲者

罪人を生きたまま土中に埋め、首だけ地上に出して桶をかぶせて餓死させるという処刑法がある。これを、「坑刑《こうけい》」あるいは「おけふせ」という。

「おけふせ」は伊予松山《いよまつやま》で、年貢米を納められない農民に加えられた刑罰で、蔵の前で糞桶を頭からかぶって伏せさせることをいうとされる。

これは農民に年貢を収めさせるための見せしめと拷問だが、そのまま埋めたままにしておくという処刑法が福知山《ふくちやま》藩で実際に行われたことがある。

江戸時代中期に成立したとされる逸話集『明良洪範《めいりょうこうはん》』（詳しい成立年代、著者は不明）という書に、次のような記事がある。

1648年（慶安《けいあん》1）、福知山藩（現在の京都府福知山市）の藩主・稲葉紀通《いなばのりみち》が、「猪が出たら猪狩りをするので、すぐ知らせるように」というお触れを出した。片岡治兵衛《かたおかじへえ》という代官（庄屋とも）のもとに百姓から猪を見かけたという知らせが届き、片岡はその旨を稲葉に知らせた。

しかし、稲葉がいざ猪狩りに出かけると、猪は一頭もおらず、激怒した稲葉は、藩主を欺いたという言いがかりをつけて片岡を含めた一家5人を捕えさせた。そして彼らを、

庭に穴を掘らせ首計《くびばかり》出して其《その》穴へ埋めさせ、其首へ小桶を冠《かぶ》せ置《おく》

という刑罰に処したのである。これが「おけふせ」（「坑刑」）である。身動きができないことと、桶で視界を遮られることによる身体的な苦痛と精神的な苦痛を与える凄惨な刑罰といえる。

稲葉は「毎日小桶を取て見て廻り、夫《それ》を慰みに」したといい、その結果、一家5人は次々と死んでいき、最後まで生き残った治兵衛は7日目に絶命したという。

稲葉という男は当時、精神的に病んでいたようで、『徳川実紀《とくがわじっき》』（19世紀後半に編纂された江戸幕府の公式記録）によると、この騒動が起こって約1カ月後、居城において発狂して自殺したとされている。

また、遊郭《ゆうかく》独自の拷問にも「おけふせ」というものがあった。これは、勝手に遊興して散財した遊女に対して科せられた拷問で、小窓のついた大きな桶を遊女にかぶせ、その上に重しの石を乗せて逃げられないようにするものだ。そして、小窓を開けて顔が見えるようにして、通りにさらしたのである。「坑刑」とは違い、あくまで晒すための拷問法として利用されたのだ。

江戸の新吉原《しんよしわら》遊廓には、火伏せの神が祀られる秋葉神社があり、その境内の植え込みが、遊女と客が待ち合わせる待合の辻となっていた。そして、ここに灯篭が置かれていたのだが、この灯篭は、晒し刑に処された遊女を照らすためのものだったといわれている。

高野山という聖地で行われた「石子詰」

気に入らない僧侶を追い出すための私刑

江戸時代中期の19世紀前半に編纂されたと考えられている『俚言集覧《りげんしゅうらん》』という辞書があり、この書の中に「いしこづめ」という項目がある。そこには、

小石にて人を生ながら埋る刑なり中古邊土にて往々ありし事なり

と解説が加えられている。石子詰《いしこづめ》とは、石で人を生き埋めにする刑罰ということだ。古今東西でよく行われた刑罰だと解説されているが、日本では仏教寺院の私刑のひとつとして行われることが多かったようだ。

1614年(慶長《けいちょう》19)に成立したとされる『慶長見聞集』という随筆書に、次のようなエピソードが残されている。

下総国《しもうさ》小弓《おゆみ》(現在の千葉市中央区あたり)の大巌寺《だいがんじ》という浄土宗《じょうどしゅう》の寺に、安誉《あんよ》という僧侶がいて、5

00人の弟子を集めていた。そのなかに清林《せいりん》という弟子がおり、清林は一事を聞いて万事を知るほど優秀で、頭角を現した。寺の番頭をはじめ、老僧たちはこれをねたんで、清林を追い出そうと画策したが、そんなときに、清林がある僧のことを「妻倶《つまぐ》し入道め」（妻をめとった僧侶め）という悪口をいったという問題が起こった。そして、これを聞いた老僧を含む弟子たちが、

あの箍師《たがし》入道めを、年月日頃悪《にく》し悪しと思ひつるに、此《かか》る悪言吐く事、大巌寺末代未聞の悪僧たり。一老に恐れもなく、却って災難を申し懸《か》くる事、末代までも大巌寺をけがし、浄土一宗に疵《きず》を付くる事、悪逆無道、其罪逃るべからず。只石子積《いしこづめ》にするには若《し》かじ

といったという。「箍師《たがし》入道」は清林のこと、「石子積」は「石子詰」のことで、要するに、「このような暴言は浄土宗に傷をつけるものであり、清林を石子詰にする以外にない」ということだ。このときは、清林の気転によって石子詰は行われなかったようだが、こうした記録が残っているところを見ると、当時の寺院内では、石子詰という私刑が普通に行われていたことがうかがわれる。

13歳の少年が犠牲になった春日大社の私刑

石子詰については、春日《かすが》大社菩提院大御堂《ぼだいいんおおみどう》に伝わる「三作《さんさく》石子詰」の伝説が有名だろう。

江戸時代、菩提院大御堂のそばに寺子屋があり、あるとき三作という少年がその寺子屋で習字の手習いをしていると、春日大社の鹿がやってきて、廊下に置いてあった草紙（手習いのお手本）をくわえて

いこうとした。三作は鹿を追い払おうとして文鎮を投げたが、運悪く鹿の急所に当たってしまい、鹿はその場で死んでしまった。春日大社にとって鹿は神の使いであり、鹿殺しは極刑だった。三作は13歳という少年だったが、春日大社はこれを許さず、三作は石子詰の刑に処され、1丈3尺（約3・9メートル）の穴に生き埋めにされ殺されたという。

これは、あくまで伝説であると紹介されることが多いが、春日大社は江戸時代に狛犬《こまいぬ》を盗んだ山伏《やまぶし》を石子詰にした前歴がある。また、高野山《こうやさん》やすでに紹介した大巌寺でも石子詰をしていたことを考えれば、石子詰で殺された少年が実際にいたことは想像に難くない。

高野山で石子詰が行われたとされるのは1722年（享保《きょうほ》7）のことであると『東洋民権百家伝』（明治時代初期に編纂された逸話集）に書かれている。この3年前、高野山領の紀伊《きい》国島野《しまの》村で、高野山の役僧が不正を行い、農民から過度の年貢を徴収していた。そのため名主の戸谷新右衛門《とやしんえもん》という者が江戸まで出て、寺社奉行に役僧たちの罪を訴えた。新右衛門は関所を破った罪で捕らえられたが、幕府は新右衛門の訴えを聞き入れて役僧12人を処分した。しかし、新右衛門の身柄は高野山に引き渡されたため、新右衛門を逆恨みした高野山の僧たちは、新右衛門を「石籠詰の刑に処」したという。

高野の奥の玉川の上流にて砂磧《しゃせき》の中に坑《あな》を堀り、新右衛門を縛りしまま坑の中へと投げ込みつ。上より小石を投げかけ投げかけ、生ながら土中にぞ埋め殺しける

と書かれている。春日大社と高野山の例は、石を人間に投げつけて打ち殺すのではなく、あくまで生き埋めにする処刑法だが、本来は殺生を慎むべき僧侶の暴挙といっていいだろう。

為政者も見逃した「私刑」の実態

獄舎に入った罪人を待っていた様々な拷問

外界ともっとも隔絶した場所にあるのが、牢獄である。そこは、牢名主や牢役人と呼ばれる者が支配する、幕法が届かない密室だった。牢名主、牢役人とは、囚人のなかから選ばれた牢内の責任者で、牢内の統制を図ることを役割としていた。しかし、幕府の役人たちも牢内の出来事には関与しなかったため、牢内は彼らの天下で、牢内の統制を乱した者には拷問がくわえられていた。ときには、牢名主たちが気に食わないという理由だけで私刑が行われていたともいわれている。

まず新入りは、扉をくぐると左右から殴りつけられた。これは、牢内の上下関係をこの時点で知らしめるためだ。また、新入りは「ツル」と呼ばれる持参金を、牢名主に差し出すことが慣例となっており、「ツル」を持ちこめなかった者には、牢名主の気が済むまで殴る蹴るの暴行が加えられた。

牢内で行われた拷問はたくさんあり、たとえば、犠牲者をもろ肌に脱がせ、糖味噌の上澄み液を皮膚に塗りたくり、一晩裸のまま土間に転がしておくという拷問があった。こうすると、翌朝には皮膚がかぶれ、ただれてしまい数日間は治らなかったという。

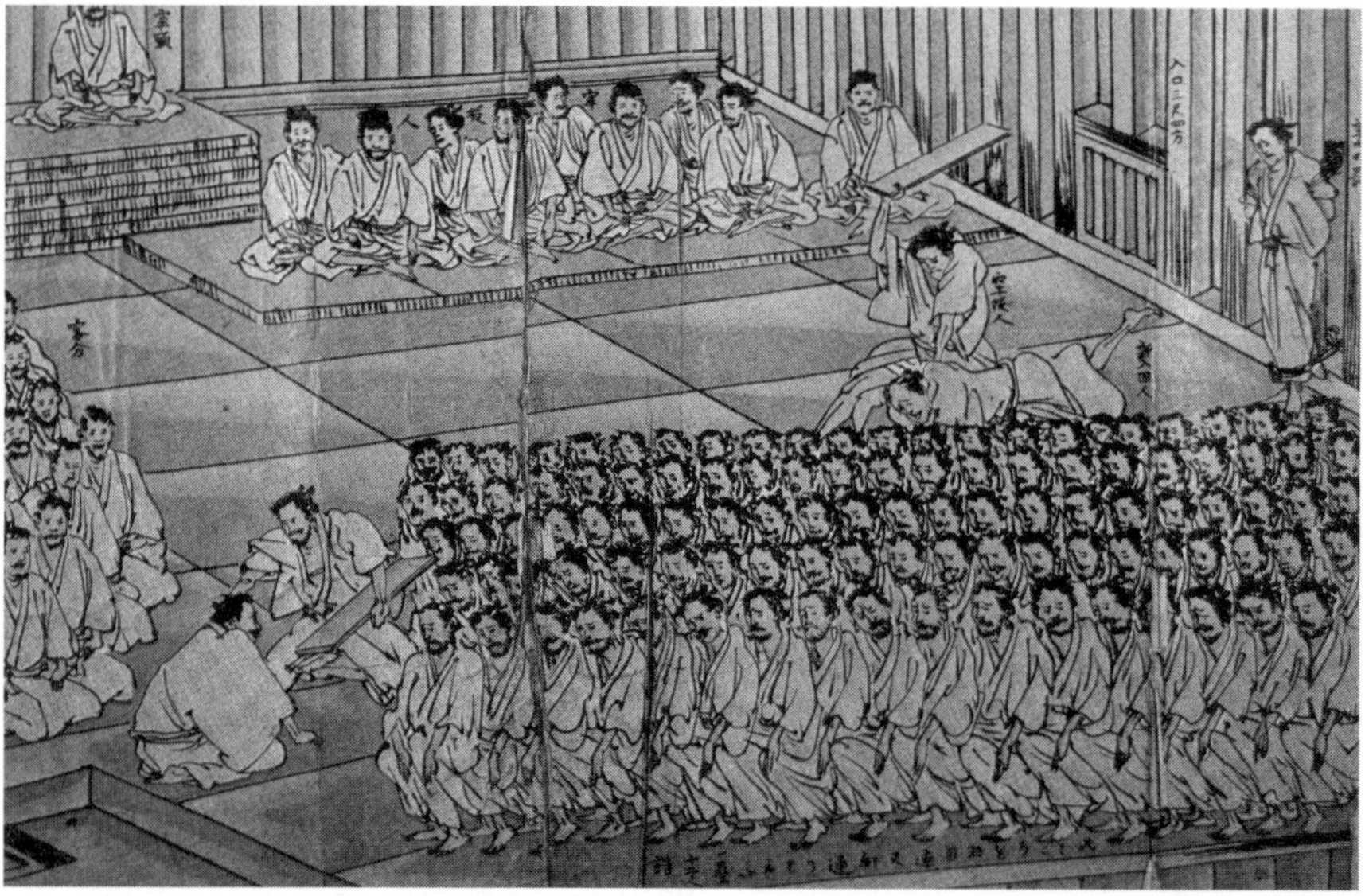

昼の留置場内の図。一番高い位置に座っているのが牢名主。その下の畳に並んで座っているのが牢役人。新入りの罪人が牢役人に板で殴りつけられているのがわかる。(『江戸刑罰実録』所収)

また、塩ばかりを食べさせて水を与えない拷問、逆に塩気のあるものを食べさせない「汁《しる》留《どめ》」という拷問、大小便を食べさせる「御馳走」と呼ばれる拷問もあった。ほかにも、極《き》め板という分厚い板で殴りつけたり、便器のふたで強打する「詰蓋《つめぶた》」、一日中土間に立たせて放置する「落間《おちま》」という拷問もあった。

岡っ引きや目明し、密告者が入牢してくると、彼らに対する拷問は残酷をきわめた。公式の拷問を受ける前に獄中死する者がほとんどだったという記録もあり、その苛烈さを物語っている。彼らには前述した拷問を次から次へと加えられ、最後には、犠牲者を後ろ手に縛り上げ、這いつくばらせて顔を濡れ雑巾で覆い、後方から股間を蹴り上げて虐殺したという。これで死なない場合は、絶命するまで極め板で殴りつけたり、喉を絞め上げたりして殺したのだった。

入牢者が多くなって牢内が手狭になると、「作造り」が行われた。「作造り」とは人員整理

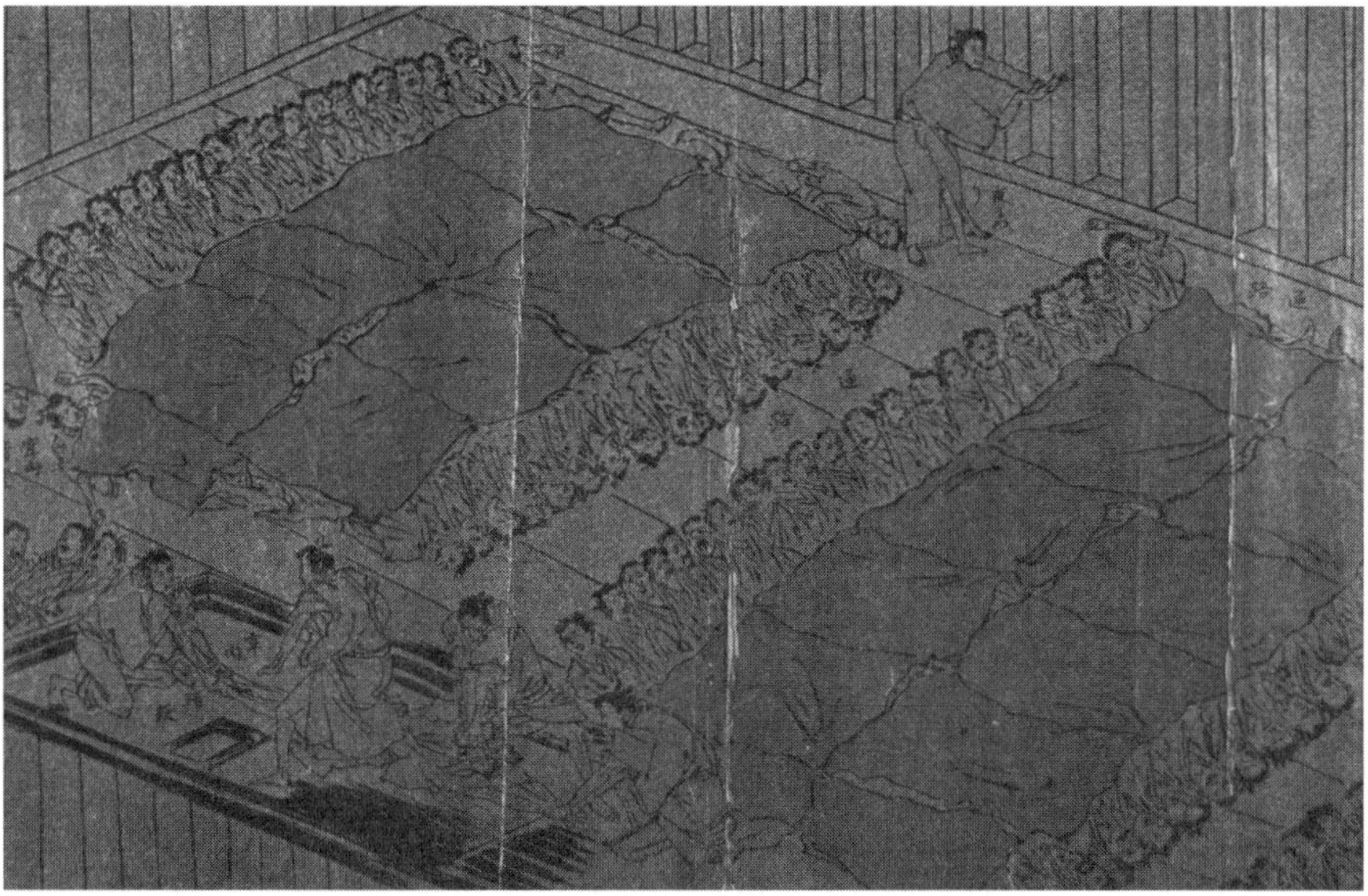

夜の留置場内の図。すし詰めの状態で罪人たちが寝かされているのがわかる。下段の少しあいている空間で「作造り」が行われている。（『江戸刑罰実録』所収）

のことで、囚人を殺して人数を減らすのである。作造りの対象とされたのは、要領の悪い新入りや病人、牢名主や牢役人に嫌われている者だった。水入れの四斗樽に立たせて体温を奪って殺したり、布団でくるんで、死ぬまで倒立させておくなどの方法がとられた。一晩のうちに3、4人を殺し、牢内がある程度の広さになるまで、5日〜10日おきに作造りは行われた。文政年間（1818〜1829年）の獄中死者が月平均10〜20名だったのが、入牢者が増えた幕末には月平均100〜160名にまで増えており、牢内の悲惨な状況は江戸時代を通して続いていたことがわかる。

殺す者が決まると、犠牲者を病死に見せかけるために、外の役人に病人用の薬をもらってアリバイをつくる。検死も行われたが、牢役人から袖の下を渡された医者は、自然死などで済ませてしまったといい、暗黙の了解のもとで牢内の殺人は認められていたのだった。

遊郭特有の私刑「ぶりぶり」など

遊郭のルールを破った遊女に対するお仕置

江戸時代、遊廓《ゆうかく》もまた特別な場所であり、ここでも私刑が行われていた。

遊郭のなかで、もっとも罪が重いとされたのが、駆け落ち、逃亡、心中未遂、自殺未遂だった。これらは、客をとる遊女《ゆうじょ》以上に、抱え主にとっては莫大な損失となるため、当人だけではなく、手引きした者や知っていたのに報告をしなかった者、その遊女つきの客まで制裁の対象となった。

このとき科した拷問が「ぶりぶり」と呼ばれるものだ。江戸時代後期に編纂された『世事見聞録』という随筆集には、遊女の仕置として次のような拷問があったと記している。

竹篦《しっぺい》にて絶え入るまで打ち擲《たた》き、又は丸裸になし、口には轡《くつわ》の如《ごと》く手拭《てぬぐい》を喰《はま》せ、支体《したい》を四つ手に縛り上げ梁《はり》へ釣り揚げ打つ

「竹篦《しっぺい》」とは竹の棒のことで、竹の堅さは御存じのとおりだ。笞《むち》打ちと同じ拷問で、竹べらで遊女が気絶するまで打ち続けるというもので、遊女を裸にして口に手ぬぐいをかませ、両手足を縛り上げてから、手足を天井の梁から吊るし、竹べらなどで打ったということである。これは、身動きできないだけでなく、縛られた手足に全体重がかかるので、相当な苦痛を伴う拷問であった。

遊廓には私設の拷問部屋があり、ぶりぶりはそこで行われたので、外部に漏れることはほとんどなかったという。

このように、抱え主に不利益となる遊女には、容赦なく仕置が行われた。

これ以外にも、制裁を加える遊女の体を縛り、筆や鳥の羽毛でくすぐる「くすぐり責め」や、唐辛子の煙をいぶして責め苦を与える「いぶし責め」、腋毛や陰毛をろうそくの火で燃やす「ろうそく責め」、蜘蛛・むかで・ひるなどで満たした桶に遊女を沈めて、そのまま放置する「毒虫責め」、貝殻で肉をそぎ落とす「貝殻責め」など、それこそ枚挙にいとまないほどの拷問が繰り広げられていたという。

遊女を天井から吊るす「ぶりぶり」

新撰組が用いた拷問という名のリンチ

逆さに吊るしたうえ両足に五寸釘を打ち付ける

幕末、ペリーの来航によって日本は動乱の時代に突入し、幕府の求心力は目に見えて衰えていった。開国論、尊王攘夷《そんのうじょうい》論、少しのちには公武合体《こうぶがったい》論など国論が分かれ、それぞれの対立が激化して、テロや暗殺が横行した時代である。こうした情勢下で、京の治安も悪化し、その治安維持のために組織されたのが、新撰組《しんせんぐみ》だった。

尊王攘夷派の弾圧に乗り出した新撰組は、苛烈な拷問を行ったことでも有名だ。なかでも、尊皇攘夷派の古高俊太郎《ふるたかしゅんたろう》に行った拷問は凄惨を極めたといわれる。

古高は、京で尊攘運動を起こすべく、尊攘派を手引きするために枡屋喜右衛門《ますやきえもん》と名を変えて京に潜伏していた。それを新撰組が調べ上げ、古高の捕縛に成功。古高は、新撰組の屯所に連行され、厳しい取り調べを受けることになった。

しかし、古高は頑として口を割らず、業を煮やした新撰組は、ついに拷問をくわえるに至った。

まず、縛り上げた古高を棒で殴りつけて自白を迫ったが、古高は背中の皮膚が破れて気絶しても音を上げなかった。新撰組副長の土方歳三《ひじかたとしぞう》は、今度は古高を後ろ手に縛って逆さに吊るし、両足の甲に五寸釘を打ち込み、その五寸釘は、足裏まで突き抜けたという。そして、足裏に突き抜けた釘に、火のついたろうそくを立て、さらに鞭打ちを加えたのである。逆さに吊るされただけでもかなり苦しい拷問である。そこにろうそくによる火責めと、鞭打ちの拷問が加わるのだから、その苦痛ははかりしれない。古高はついに自白した。

新撰組が古高に行った拷問は、もちろん公式に認められてはおらず、私的な暴行ある。しかし、殺伐とした幕末には、このような残酷な所業をしていたのは新撰組だけではない。過激な尊攘派は、天誅《てんちゅう》と称して幕府の要人や裏切り者を暗殺し、その首や死体を市中に晒していったのである。

桜田門外《さくらだもんがい》の変で井伊直弼《いいなおすけ》が暗殺されると、井伊の側近だった長野主膳《ながのしゅぜん》と宇津木六之丞《うつぎろくのじょう》の2名が、反対派によって処刑されたが、その処刑法はなますのように寸刻みにする「刻み責め」だったといわれている。一太刀ごとに体の一部を刻んでいく残酷な方法で、2人の処刑は朝から始まって夕方まで終わらなかったという。

桜田門外の変で捕まった梅田雲浜は、厳しい拷問をくわえられ、獄死した。(国立国会図書館蔵)

幕府も安政《あんせい》の大獄《たいごく》で尊攘派を一斉に捕縛し、梅田《うめだ》雲浜《うんぴん》は苛烈な拷問で獄死したといわれ、このとき日《くさ》下部《かべ》伊三次《いそうじ》、信海僧正《しんかいそうじょう》なども獄死している。彼らも拷問の犠牲になったであろうことは想像に難くない。

幕末は、幕府の統制もきかなくなり、各々がそれぞれ「日本のため」を大義名分にし、やりたい放題の拷問、刑罰を加えていた時代だったといえる。

江戸時代にもあった「鼻そぎ」という拷問

刑罰のひとつとして 罪人の鼻をそぐ

江戸時代の「鼻そぎ」は、初期の頃には幕府でも諸藩でもしばしば行われており、記録にも残されている。『公事方御定書《くじがたおさだめがき》』では鼻そぎは公刑とはされなかったが、諸藩では、鼻そぎを公式に認めていたところもあった。会津《あいづ》藩、土佐《とさ》藩、広島《ひろしま》藩、金沢《かなざわ》藩、岡山《おかやま》藩などでは、鼻そぎを公刑として認めていたのである。

岡山藩の判例集である『刑罰書抜《かきぬき》』によると、罪一等を減じて鼻を切るというような判例が多く見られ、死罪の者が減刑されて鼻そぎのうえ追放に処されていた。また、1685年（貞享《じょうきょう》2）に肝煎役《きもいりやく》（町名主《まちなぬし》のような立場）の味野村仁右衛門が宗門手形について「不届きの所為」があった罪で、片耳をそがれたという記録がある。鼻そぎのほかに、耳をそぐことも行われていたのである。

土佐藩では、1612年（慶長《けいちょう》17）に定められた「定法度条々《さだめはっとじょうじょう》」という藩法のなかで、鼻そぎを公刑として認めている。それによると、犯人をかくまった者や、盗賊のほう助をした者に鼻そぎの刑が科せられた。また、他国逃亡（いわゆる脱藩）を犯した者には、「他国へちくてん《逐電》すれば両耳鼻をそぎ」

という罰が科せられた。鼻だけでなく両耳も削がれたというわけだ。

鼻そぎを、死罪の付加刑として使っていたのが秋田藩《あきた》で、院内銀山《いんないぎんざん》で働かされていた囚人たちが犯罪を犯したとき、鼻そぎをして引き回し、その後で処刑している。なかには、鼻だけでなく耳と指も切られた者もおり、斬られた鼻、耳、指を首からぶら下げて引き回されたという記録も残されている。

また、幕府管轄下の江戸でも、『公事方御定書』制定以前は鼻そぎが行われていた。たとえば、1665年（寛文《かんぶん》5）、10カ所の奉公人の請け人（証人）となった半左衛門という者が行方をくらませ、鼻をそいだうえで江戸から追放とされたことがあった。

公刑として存在していた鼻そぎだったが、元禄《げんろく》時代（1688～1704年）以降はどの藩でも廃止されたようで、以降は私刑として行われることが多くなる。博打やヤクザ社会で行われる「指つめ」は、鼻そぎの名残りともいわれている。

江戸時代中期に、間男の姦通《かんつう》の仕置として鼻そぎが行われることがあった。1788年（天明8）に出版された『夷曲集絵抄《いきょくしゅうえしょう》』という本に、間男が鼻をそがれる様が描写されているように、公刑としてなくなったというだけで、民間ではリンチのごとく行われていたのである。

ただ、間男に対する鼻そぎも、江戸時代も後期になると金で解決されるようになった。

こうした時風に逆行したのが、新撰組だった。新撰組の「局中法度」には、戦闘中に臆病風に吹かれて逃げ帰るような者には、死刑もしくは鼻そぎ刑に処すと書かれている。また、新撰組は尊王攘夷派の間者を捕えて、鼻そぎを行っていたという記録も残っており、1864年（元治1）に、長州藩の密偵・渡辺九八郎の耳、鼻をそいだうえで斬り捨てたといわれている。もはや時代錯誤な鼻そぎを採用しているのも、武士に憧れた新撰組ならではといえるのかもしれない。

僧侶に行われた「晒し」という精神的拷問

女犯の罪を犯した僧侶に対して行われた恥辱刑

仏教が日本に伝わってから、僧侶が女色に溺れることはタブーとされ、女犯としての刑律が作られるほどだった。女犯の思想は江戸時代にも残り、『公事方御定書《くじがたおさだめがき》』にも規定され、寺持ちの僧侶の女犯は遠島、寺持ちでない場合は「晒し」のうえ本寺に引き渡された。

そのため、寺では台所働きという名目で梵妻《だいこく》と呼ばれる女性を雇い、女犯の罪から逃れる僧もいた。また、変装して遊所に出向く僧も多くいた。こうした苦肉の策は、ある程度なら見逃してもらえたようだが、度を過ぎると処罰の対象となった。

1824年（文政《ぶんせい》7）、雑司谷《ぞうしがや》堀の内にある妙法寺《みょうほうじ》の僧侶6人が、内藤新宿《ないとうしんじゅく》の飯盛《めしも》り女を買った罪で捕らえられ、日本橋に晒された。1830年（文政13）には、住職7人が女犯の罪で晒し刑を科せられた後、遠島に処された。1796年（寛政《かんせい》8）には、67人もの僧侶が一斉に捕らえられ、女犯の罪で晒し刑を受けている。

「晒し」は、人を説く道にある僧侶にとっては、このうえない屈辱であった、檀家が減るという経済的

『徳川幕府刑事図譜』に掲載されている「僧侶晒しの図」。（『江戸刑罰実録』所収）

なダメージも計り知れなかった。

さらに、寺法によっては、さらなる恥辱刑を科せられることもありました。

1803年（享和《きょうわ》3）、延命院《えんめいいん》の僧・柳全《りゅうぜん》が女犯の罪で捕えられました。柳全は、晒し刑の後に寺に引き渡され、そこで「犬払い」の刑に処された。犬払いとは、受刑者をふんどし1つの裸にし、首に縄をかけて魚の干物を加えさせ、四つん這いにさせて、犬のように縄を引っ張って本堂の周りを3周してから追放するという恥辱刑である。

立場が重要視された江戸時代において、こうした家畜並みの扱いを受ける拷問は、その精神的ダメージは相当のものであったと考えていいだろう。

僧侶に対する晒しは、まだ軽い刑であり、そのほかの史料によれば、1718年（享保《きょうほ》3）に女犯の罪で捕えられた播磨《はりま》の加古川《かこがわ》真言宗僧は、晒し首に処されたという。

また、1803年（享和3）に、大奥を巻き込んだ女犯事件を起こした僧侶・日道《にちどう》が逮捕され、厳しい取り調べの結果、即日死罪を言い渡されている。

死罪以外でも、宗門一派から外される「一派構え」や、宗派そのものから外される「一宗構え」があり、これも僧侶にとっては厳しい処罰となった。

こうした重罰を加えながらも、僧侶の女犯事件はいつまでたっても根絶せず、そればかりか江戸時代も末期になると検挙数が大幅に上がっているという事実もあり、僧侶だからといって欲望を律するのは相当に難しかったようだ。

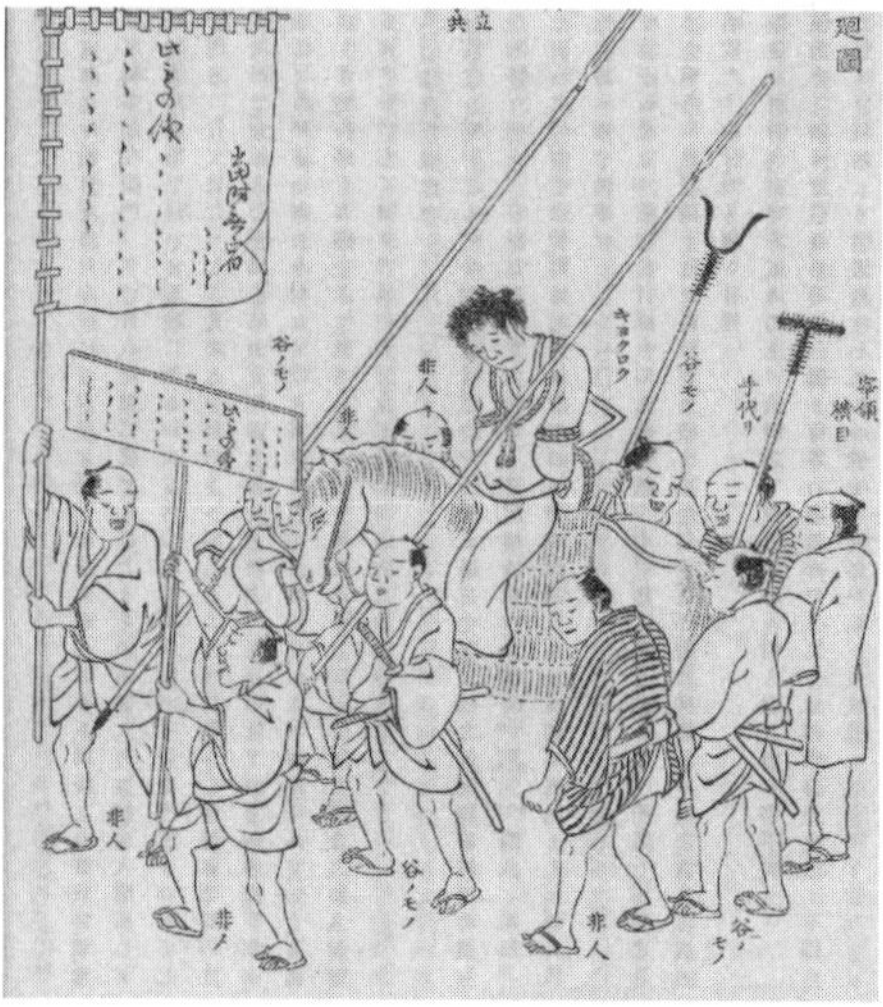

死罪以上の罪を犯した場合は、付加刑として「引き回し」が加えられた。市民に晒されながら刑場まで馬に乗せられて連れていかれる。(『古事類苑』所収)

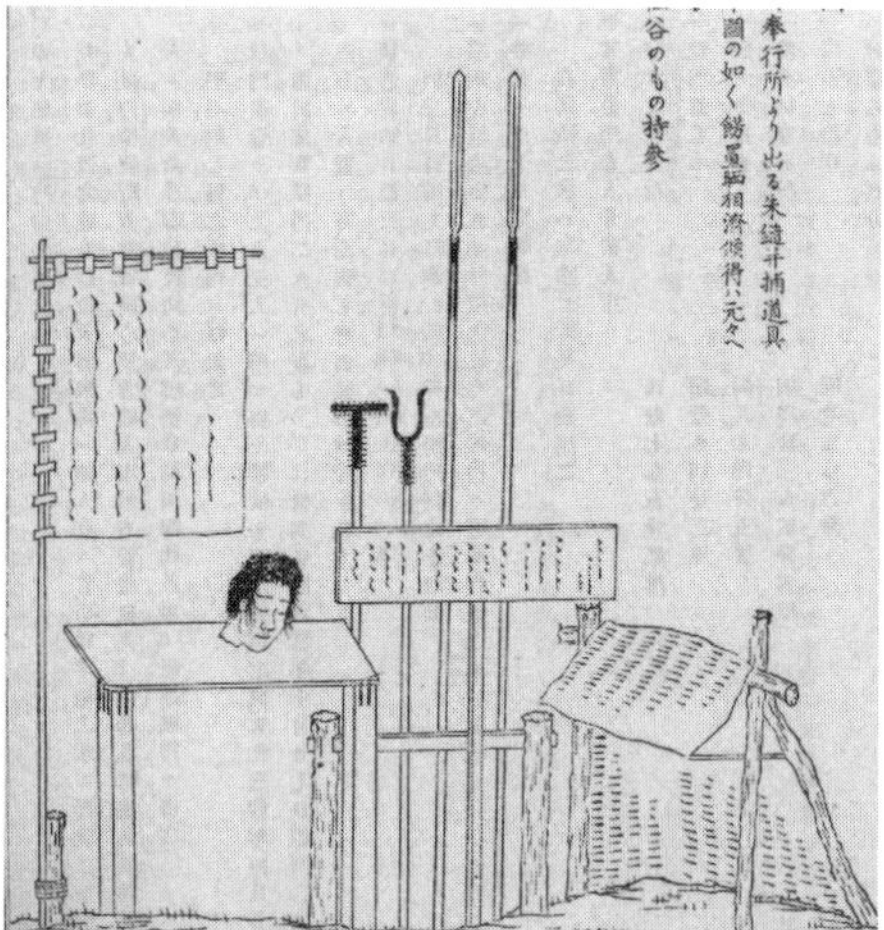

首を斬られたあとに晒される「獄門」の図。3日間、首を晒したあと、罪状などを書いた捨て札は30日間晒された。(『古事類苑』所収)

第6章

明治維新後も終わらなかった残酷劇

——明治新政府から昭和の特高まで

近代

明治政府によって表向きは廃止された拷問

明治新政府発足直後は認められていた拷問

江戸幕府が崩壊して、天皇中心の明治新政府が成立したが、制度は急には変えられず、刑法も基本的には幕法を踏襲するかたちとなった。１８７０年（明治３）、刑部省《ぎょうぶ》が「獄庭規則《ごくてい》」という刑事手続きに関する規則を制定したが、これも江戸時代以来の慣例をほぼ踏襲しており、拷問についても判事以上の承認があれば行うことは可能であった。同年、全国的な刑法典としては日本初となる「新律綱領《しんりつこうりょう》」が制定された。このなかでも拷問は認められたが、許されたのは「杖《じょう》」だけだった。「大宝律令《たいほうりつりょう》」の規定に戻したのである。これは、明治維新が「王政復古《おうせいふっこ》」を旗印にしていたため、王朝時代に復することが維新の意義だったためだ。「新律綱領」には、

凡《およ》そ訊杖《じんじょう》は、竹片三個を内合して円形になし、其《そ》の囲《まわ》りは曲尺五分、両頭の大《おお》さは同じで、長さ三尺、藁《わら》で縦にこれを堤《つつみ》、小麻縄で密に横にしばる。重罪を犯して、罪証明白であるにも拘らず白状しない者を拷訊す

と規定されている。江戸時代同様、自白主義をとり、拷問による自白を認めたのである。さらに新政府は翌年（明治4）、

新律中に出る訊杖の儀は、其の重罪を犯し贓証《ぞくのあかし》明白なるに招承に服せさる者を拷訊すと有之候処《ありのそうろうところ》、其の強盗などに至っては、右の拷訊のみにては容易に招承に服する者にては無之、ついては是迄用ひ来候《きてそうろう》拷訊《ごうじん》の具其囚を雁木台《がんぎだい》に乗せて石を抱かし或《あるい》は其の囚を縄を以て釣り上げ拷訊いたし候等の儀今後とても相用ひ候て苦しからず候哉の事

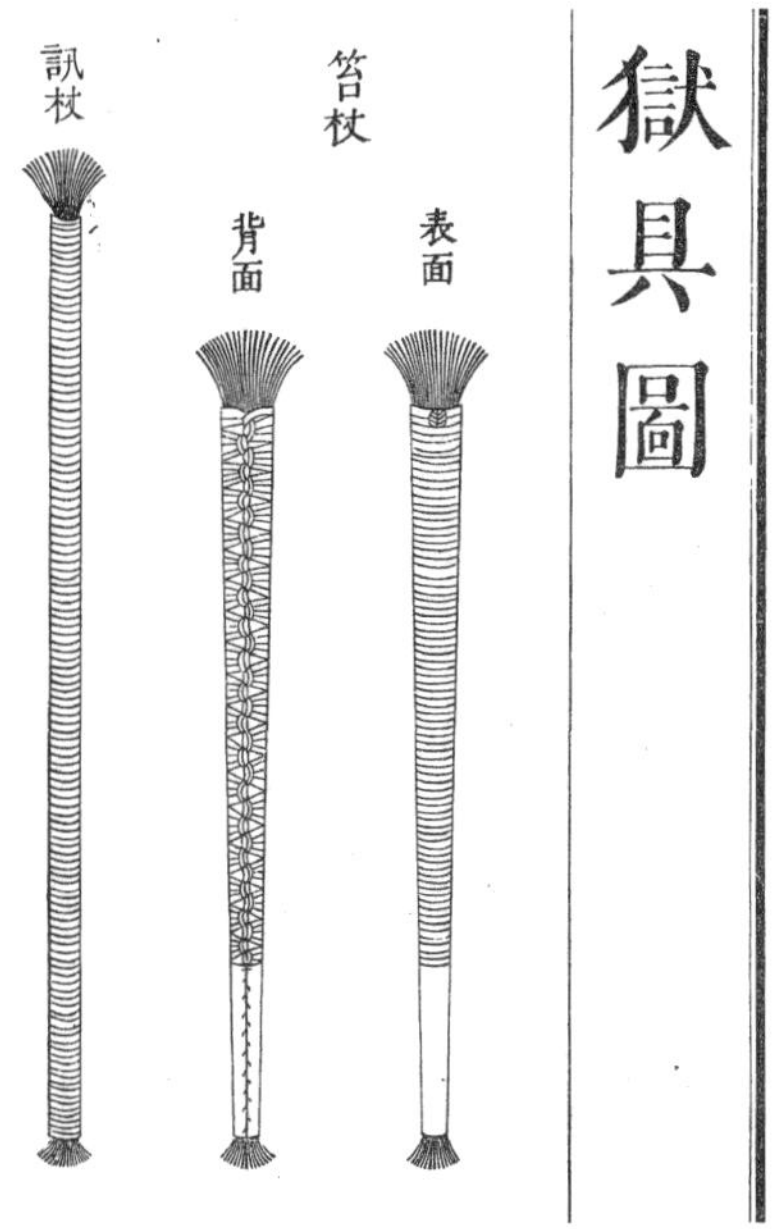

「新律綱領」に描かれた笞杖と訊杖。1879年（明治12）に廃止されるまで、明治時代になっても拷問は合法とされた。（国立国会図書館蔵）

という見解を示し、再び石抱《いしだ》き責めと吊《つ》るし責めを容認する態度をとった。実際、1873年（明治6）に参議《さんぎ》の広沢《ひろさわ》真臣《さねおみ》が暗殺された事件では、容疑者に対して石抱き責めが公然と行われたことが記録されている。

　1873年（明治6）、司法省（1871年に刑部省と弾正台《だんじょうだい》を統合）は「断獄則例《だんごくそくれい》」を通達し、改めて拷問について定義した。それによると、拷問道具

は訊杖《じんじょう》と算板《そろばん》の2つで、殺人や強盗の重犯など凶悪犯罪にのみ使用を許した。また、訊杖は尻と腿《ふともも》に限り、訊杖で自白しなかった場合に算板を使うとされた。

しかし、拷問の残置は、明治政府がめざす不平等条約の解消の大きな障害となった。つまり、日本が拷問を認めている以上、諸外国は治外法権の条項を撤廃できなかったのである。そこで政府は、拷問を必要不可欠なものとしている自白主義をやめて証拠主義を採用、1879年（明治12）、太政官布告で、「改正後拷訊は無用に属し候」と改正し、拷問は廃止された。そして1882年（明治15）に制定された刑法（旧刑法）において、拷問を加えた者は処罰されることになり、法律上、拷問は正式に廃止されたのである。

しかし、これはあくまで法律上、禁止されたというだけで、実際には拷問は公然と行われていた。とくに、自由民権運動や社会主義運動など、反体制運動に対する苛酷な拷問は後を絶たなかった。

なお、処刑も、明治時代当初は江戸時代のものを踏襲した。明治新政府は1868年（明治1）10月、仮刑律を制定したが、これによると、

磔刑《たっけい》は君父ヲ弑《しい》スル大逆《たいぎゃく》に限リ、其他重罪及焚刑《ふんけい》ハ梟首《きゅうしゅ》ニ換へ

とされ、磔はほとんど廃止に近い形となり、火刑はまったく廃止された。翌年には引き廻しと鋸引《のこひ》きが撤廃され、1870年（明治3）の「新律綱領」で磔は完全廃止され、処刑法は斬首と絞柱の2つとなった。そして旧刑法の制定で、処刑法は絞首のみとなり、ようやく斬首は撤廃された。

明治政府の弾正台で行われた「棒縛り」と「鉄砲」

弾正台《だんじょうだい》で行われていた罪人の血流を悪くする拷問

明治時代の初め、日本には弾正台《だんじょうだい》という警察組織があった。明治になっても、いまだに過激な尊攘派は存在しており、新政府は彼らへの懐柔策として、弾正台に多くの尊攘派を採用していた。そのためもあってか、弾正台における拷問は苛烈を極めたという。

「棒縛り《ぼうしば》」は、弾正台で行われていた拷問のひとつだ。1本の樫の棒を、受刑者の背中に垂直にあてがい、片方の手を肩から、もう一方の手を脇から背中に回し、後ろで両手首を樫の棒に縛りつけ、そのまま放置する拷問である。

これは、直接の痛みはそれほどでもないが、不自然な姿勢で身動きができないため、時間がたつにつれて苦痛が後追いしてくる拷問である。1時間もすれば血流が悪くなり、筋肉も固まって不快な痛みが襲ったという。

棒縛りより厳しいのが「鉄砲」という拷問である。これは、棒縛りと同じ要領で受刑者の両手を背中に回し、両手の親指同士を縛り、そこに木の椀を挟んで放置する拷問だ。棒縛りより体の自由がきかず、

短時間で自白させるには好都合だったという。
鉄砲は「革手錠」として後世に残された。「革手錠」は、鉛の棒を綴じ込んだ特製の革ベルトと手錠から作られており、後ろ手に緊縛したり、両手を前後に固定することで、受刑者に苦痛を与えた。このような縛り方は、今でも俗称として「鉄砲」と呼ばれることもある。
これ以外にも、「砲丸抱き」や「鉄丸《てつがん》」という拷問もあった。砲丸抱きは、受刑者に重い砲丸を持たせて放置する拷問である。たいていの場合は立たせたままで行い、姿勢を崩さぬように厳しく言い聞かせ、少しでも姿勢が崩れるようなら容赦なく棒で打ったという。
鉄丸は、受刑者を後ろ手に縛り上げ、その手首に重さ7・5~11キロの鉄球を吊り下げて放置する拷問だ。これは砲丸抱きより悲惨な拷問で、長時間放置されれば、命は助かっても手が不自由になり使い物にならなくなった。

明治政府による「すし詰め」という拷問

長崎のキリシタンを狭い小屋に押し込める

明治政府は江戸幕府と同様に、キリスト教を禁止し、キリスト教を弾圧する道を選んだ。1868年（明治1）、長崎浦上《うらかみ》で行われたキリシタンの虐殺は、欧米各国から激しく非難されたが、明治政府は改めようとはせず、その後もキリシタンの迫害は続いた。

1869年（明治2）、新政府は再び長崎県のキリスト教信徒を一斉に検挙し、棄教を迫った。このときにキリシタンに科せられた拷問が、「すし詰め」という拷問だった。

長崎県の五島列島にある久賀島《ひさかじま》では、5メートル四方くらいの小屋を2部屋に仕切り、男女別々に200人くらいをその部屋に押し込んだ。座ることさえできず、中には床に足がつかない信徒もおり、こんな状態では眠るに眠れないという状態である。そんな状態で5日間放置され、39人の死者を出したという。

また、長崎で検挙された信徒たちは流罪となったが、流罪先でも拷問が行われた。山口県の萩に送られた信徒たちは、4畳半の部屋に60人以上が押し込められたという。

2年で廃止された残酷すぎる処刑具「絞柱」

絞首台の代わりに使われていた処刑具

日本における絞首刑は、大宝律令《たいほうりつりょう》で定められた「絞首」からはじまり（第1章参照）、その手法は異なるが、現代も行われている処刑法である。江戸時代の『公事方御定書《くじがたおさだめがき》』では公刑とはされなかったが、明治時代になって公刑として復活した。

当時の日本には絞首台がなかったため、「絞柱《こうちゅう》」という処刑具を用いて絞首刑が行われていた。

絞柱の使い方だが、まず受刑者を後ろ手に縛った状態で絞柱に固定し、踏み台に立たせる。それから腰縄を柱と結んで動けないようにして踏み台をはずし、受刑者の首部分に縄をかける。この縄は、柱の穴を通って背面の滑車につながっており、その滑車に鉄の重りをぶら下げて、そのまましばらく放置する。これで、重りの重さで受刑者の首が絞まっていき、やがて絶命するというわけだ。

受刑者の顔と腹は異様に膨れ上がり、耳や鼻から大量の血が流れ出したという。舌は伸びきって口から飛び出た状態で、その光景は正視に堪えなかったという残酷な処刑法だった。

人間は首を絞められたからといって即死するわけではないので、受刑者の苦痛も甚だしかったことは想像に難くない。

また、この処刑法では、受刑者に致命傷を与えることができないことがあり、処刑執行後に受刑者が蘇生した例があった。

1872年（明治5）、石鉄《いしづち》県（現在の愛媛県）で、放火罪で逮捕された田中藤作という男に絞首刑が執行された。

ところが、遺族が藤作の遺体を引き取って帰る途中、四里半（約17キロメートル）ほど来たところで、藤作が生き返ったのである。これまで死刑後に受刑者が蘇生したという前例がなく、報告を受けた現地の役人は困り果て、政府に指示を仰いだ。政府はこれに対し、「すでに刑罰として死刑は執行されているので、再び絞首刑にする必要はない。すみやかに戸籍を回復せよ」

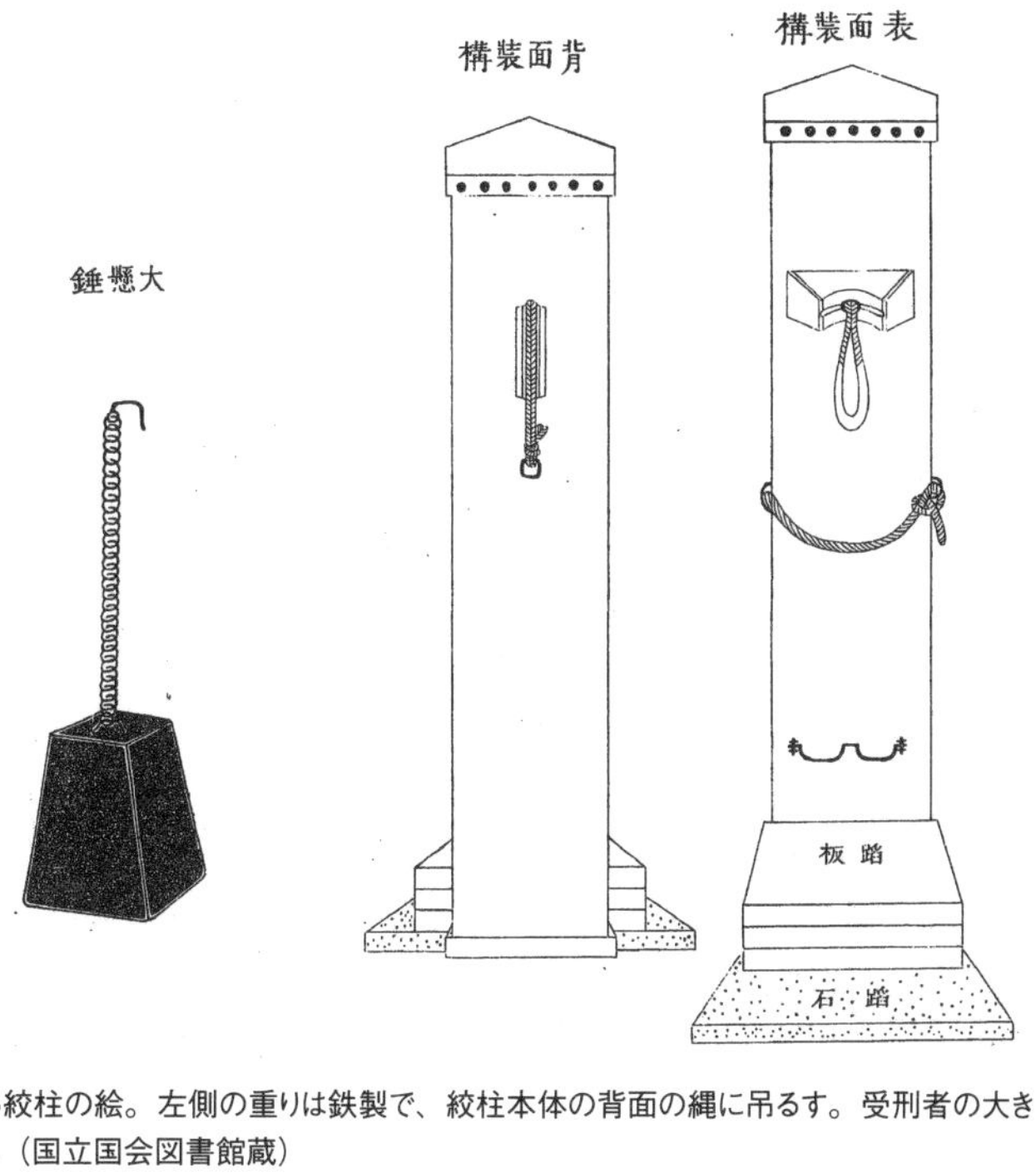

「新律綱領」に掲載されている絞柱の絵。左側の重りは鉄製で、絞柱本体の背面の縄に吊るす。受刑者の大きさによって重りの大小を変えた。（国立国会図書館蔵）

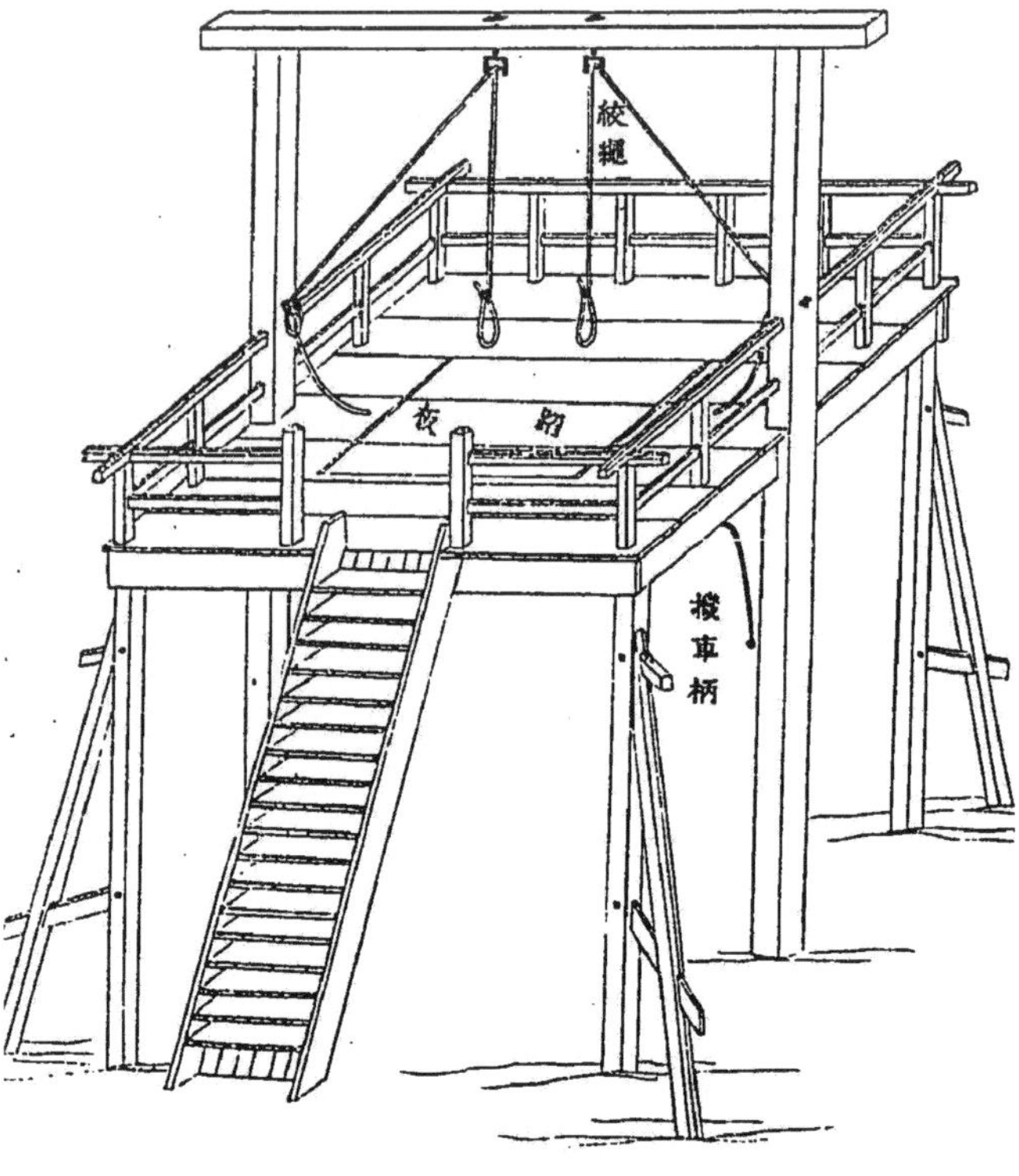

絞柱に代わって採用された「絞罪器械図式」の絞架。中央にある縄に首をかけ、その下のはめ板が開いて、ぶら下がるようになっている。（国立国会図書館蔵）

と回答したという。

藤作以外にも、絞柱による処刑から蘇生した人間が、あと2名いたと記録されている。

処刑の失敗や、その残酷性など諸々の理由から、絞柱は2年ほどで廃止され、新たに絞罪器械図式という方法に変更された。

これは、現代の絞首刑に似たやり方で、受刑者の足元にはめ板がついていて、これを開けることで穴を開け、首を吊る状態にして絶命させる方法だ。

1882年（明治15）の旧刑法の成立によって、日本の死刑は絞首刑に統一され、現代に引き継がれている。

明治の思想警察・特高による拷問「竹刀」と「ステッキ」

共産運動をしているなら誰でも捕まえた特高

1910年（明治43）、明治天皇の暗殺を計画した罪で幸徳秋水《こうとくしゅうすい》ら無政府主義者・社会主義者が逮捕されるという事件が起こった。それまでも無政府主義者や社会主義者に対する弾圧はくわえられていたが、この事件をきっかけに政府は、思想取り締まりの専従班である「特別高等警察《とくべつこうとうけいさつ》」（以下、特高《とっこう》）を創設した。

思想警察としての特高が脚光を浴びるようになったのは、1925年（大正14）の治安維持法《ちあんいじほう》成立以後だ。この法律によって、すべての政権批判を取り締まれるようになったのである。

治安維持法が対象とした罪は、第一に国体を変革することを目的とした結社だ。昭和戦前期の日本の国体とは、天皇が絶対で国民が臣下という体制であり、主権在民の政治体制や、議会制民主主義の政治体制の樹立を目的とする結社は法律違反となった。また、私有財産制度を否定する結社も取り締まりの対象となった。簡単にいえば、社会主義や共産主義、無政府主義である。

なかでも治安維持法によって徹底的に取り締まられたのが、共産運動だった。治安維持法の適用にあたっては、違法結社や社会主義運動家だけでなく、それを援助、補助する者も対象となるなど、拡大解釈されて適用され、多くの逮捕者を出した。嘘のような話だが、共産主義運動をした被告人の弁護士が公判で共産主義者を弁護したという理由で治安維持法で検挙されたこともあったという。

竹刀、ステッキの前にくわえられる殴る蹴るの拷問

1925年（大正14）の制定から廃止される1945年（昭和20）までの20年間で、逮捕された国民の数は数十万人にのぼったともいわれている。

特高は、思想犯の取り締まりが主な仕事で、彼らを逮捕して思想転向させる手段として、拷問を用いた。江戸時代のキリシタン弾圧と同じことが、大正時代、そして戦前に至るまで行われていたのである。

特高の拷問は、太いステッキや木刀、竹刀《しない》などを使い、まず殴る蹴るの暴行を加えることからはじまった。それでも思想転向、自白しなければ、裸にして気絶するまで殴り続けた。特高の拷問は連日連夜続くこともあり、その結果拷問死する者もいたほどだ。しかし、それら特高に都合の悪いことは隠ぺいされ、世に出ることは少なく、当時密室で繰り返された特高の拷問は、史料に残されているより、はるかに多いのではないかと想像できる。

特高の拷問が苛烈なことは有名で、たとえば大腿部を分厚い三角形の棒で作ったそろばんで絞りあげたりした。これを数日間も続ければ、骨にはひびが入り、内出血のためどす黒く染まったという。

特高の取り締まりは、日本が戦時色を強めるにつれ厳しくなり、並行して拷問も苛烈なものになっていった。挙国一致体制に少しでも不利益になると思えば、老若男女を問わずに検挙され、残酷な仕打ち

宗教団体「ひとのみち」の教義が国体に反するとして、1936年（昭和11）9月、特高はひとのみち教団本部を捜索した。写真は教団本部を捜索する特高の人たち。（写真／毎日新聞社提供）

を受けたのである。

とくに太平洋戦争中の特高の暴走はすさまじく、「銭湯の冗談も筒抜け」といわれるほど、そこら中で特高が目を光らせていた。

拷問は1879年（明治12）に法律上は禁止されたはずで、法を無視して拷問を行えば罰せられたはずである。しかし、それでも拷問はなくならなかった。というより、拷問が制度化されていた時代よりも、昭和時代の特高が行った拷問のほうが非人間的であり、残虐であったともいえる。

彼らが暴走したのは、戦争の現場で狂気と化したわけではない。特高は、治安維持法という法律の下で、そして「天皇絶対」という特異な思想の下で狂暴化し、人間らしさを失っていったのである。

わずか80年前の日本で、これほどまでに残虐で、人間性を失った組織が存在していたかと思うと戦慄せざるをえない。

プロレタリア演劇の俳優にくわえられた拷問の実態

戦前のプロレタリア演劇の俳優に、松本克平《まつもとかっぺい》という人がいる。プロレタリア演劇は、演劇という娯楽のひとつだったが、一方でマルクス主義を題材とする階級闘争を訴える運動という側面ももっていた。そのため、昭和前期には特高にマークされるようになり、松本も特高の監視下にあった。

１９３２年（昭和７）４月、プロレタリア演劇同盟東京支部長という立場にいた松本は、ついに特高に引っ張られた。このときの拷問の様子を、松本は戦後、『抵抗の群像』（白石書店）という本の中で書いている。

松本が特高で受けたのは、ステッキと竹刀による拷問だった。まず、尋問係が矢継ぎ早に松本に質問する。松本によれば、それは機関銃のような速さであり、即答しなければ竹刀とステッキで殴られたという。最初のうちは同じ場所を殴ることはなかったと、松本は述懐しているが、それは同じ場所を殴り続けると、あまりの痛みのために気絶してしまうからだった。そのため特高は、松本の体を何度もひっくり返しては竹刀とステッキで殴り続けた。それが2時間ほども続いたというからすさまじい執念である。さすがに2時間も拷問を続ければ、同じ場所を三度、四度と殴ることになる。三度同じところを殴られた松本は、

頭にキリを突き立てられたように痛く、体がピクピクして意識不明に陥る

と述懐しており、尋常ではない痛みが襲ったことがわかる。

拷問から解放された松本は、43度という高熱に襲われ、太ももは四斗樽ほどにまで腫れ上がり、1週間以上も動けなかったという。また、取り調べが終わったあとも、松本は3週間ほども釈放されなかった。市井の医者に行かれると拷問がバレてしまうからである。

共産党員だった藤田俊次《ふじたとしつぐ》も、特高の竹刀による拷問について、戦後、手記を残している。

藤田は1932年（昭和7）の国際反戦デーのデモに参加し、特高に検挙され、拷問を受けた。このときのことを藤田は、

東京・大平署の特高係など数名により、竹刀で全身、滅多打ちにされた。その夜は、興奮していた為《た》め余り痛くなかったが、翌日から全身が疼《うず》いた

と記している。このときは1カ月ほどで釈放されたが、翌年、再び検挙される。そのときも特高から拷問を受けた。

うしろ手に両手を縛られ、おさえつけられ、樫《かし》の棒で臀《でん》部《ぶ》から大腿部《だいたいぶ》にかけて殴打された。気が遠くなり気絶しかけると水を顔に吹きかけ、数回そんなことがくりかえされ、アジトなどを言えと拷問された

藤田はこの拷問により、長い間、下半身が麻痺状態になったというからむごいことである。

特高に虐殺されたプロレタリア作家
小林多喜二への拷問

あまりにも痛ましかった小林多喜二の遺体

1928年（昭和3）3月、政府により共産主義者約1600人が一斉に検挙される三・一五事件が起こった。このとき、検挙された人たちに対して特高による激しい拷問が行われ、たとえば北海道小樽では200人以上が一斉検挙され、毎晩一人ずつ、意識不明に陥るまで拷問が繰り返されたという。

こうした特高の拷問を伝え聞いたプロレタリア作家の小林多喜二《こばやしたきじ》は、『一九二八年三月一五日』という小説を発表して、特高の拷問のひどさを訴えた。これにより小林は、特高の恨みを買ってしまい、常に監視されているような状況に置かれることになった。

身の危険を感じた小林は地下に潜ったが、特高はスパイを使って小林をおびき寄せ、1933年（昭和8）、東京の赤坂で小林は検挙された。

築地警察署に連行された小林は、3時間に及ぶ拷問の末、虐殺された。小林とともに検挙された今村《いまむら》恒夫《つねお》は、後年、次のように語ったという。

握り太のステッキと木刀をふりかざして、いきなり小林多喜二に打ってかかる。ふたりの特高が横から手伝う。たちまち、ぶん殴る、蹴倒す、ふんずける。頭といわず肩といわず、脛《すね》でも腕でも背中でも、ところかまわずぶちのめす

また、小林の遺体を見た作家仲間の江口渙《えぐちかん》は、「作家小林多喜二の死」という手記に、その痛ましさを書き残している。

首には一まき、ぐるりと深い細引の痕がある。よほどの力で締められたらしく、くっきり深い溝になっている。そこにも、無残な皮下出血が赤黒く細い線を引いている。左右の手首にもやはり縄の跡が円《まる》くくいこんで血がにじんでいる。だが、こんなものは、からだの他の部分とくらべるとたいしたものではなかった。さらに、帯をとき、着物をひろげ、ズボンの下をぬがせたとき、小林の最大最悪の死因を発見した私たちは、思わず『わっ』と声をだして、いっせいに顔をそむけた

とあり、残酷な拷問が科せられたことを物語っている。

小林の遺体は、下腹部から左右の膝へかけて一面が赤黒く染まり、股の皮膚は大量の内出血ではちきれんばかりに膨れ上がり、通常の2倍の太さになっていた。その股の上には、釘か錐《きり》を打ちこんだ痕が15〜16箇所も残っており、そこは皮膚が破れて肉が見えていたという。

また、歯はぐらぐらで今にも抜けそうな状況で、背中も全面皮下出血、右の人差指は逆になるまで折り曲げられており、完全骨折していた。

特高の拷問によって獄中死した小林多喜二。多喜二のほかにも多くの国民が特高の拷問の犠牲になった。（写真／毎日新聞社提供）

小林の遺体を検査した安田徳太郎《やすだとくたろう》は、「こうまでやられては、腸も破れているだろうし、解剖したら腹の中は出血でいっぱいだろう」と述べている。

誰が見ても明らかな拷問死だったが、警察は小林の死を心臓麻痺として発表し、さらに遺族が遺体を解剖に回さないように、東大や慶応など各医大に圧力をかけて解剖を断らせたとされている。また、特高は、小林の葬式に参列した者を次から次へと検挙するという徹底ぶりで、葬儀は中止を余儀なくされたのだった。

また、当時、時事新報《じじしんぽう》の記者だった笹本寅《ささもとつよし》が検事局に本当に病死だったのか問い合わせたところ、「検事局はあくまでも心臓麻痺による病死と認める。この問題でこれ以上文句をいうなら、共産党を支持する者として即時逮捕する」といわれたと述べている。

共産党員・岩田義道を襲った特高の拷問

小林多喜二が獄死する3カ月ほど前にも、共産党員が特高の拷問によって虐殺される事件が起こっている。犠牲者は岩田義道《いわたよしみち》だ。

戦前の日本共産党の中央委員を務めた岩田は、『赤旗《せっき》』を創刊するなど戦前の共産党の中心人物のひとりであるが、1928年（昭和3）の三・一五事件では逮捕されなかった。満州事変《まんしゅうじへん》が勃発して日本が中国への侵攻をはじめると、岩田は中国への侵略反対を訴えるようになり、1932年（昭和7）10月、特高に逮捕された。岩田は逮捕されるとき、厳重に縛り上げられたうえで、担がれて連行されたという。

そして逮捕から4日後、岩田は拷問によって死亡した。岩田の遺体と対面した友人たちは、岩田の両足と手首に鉄の鎖でしめられた拷問の痕を認め、岩田の顔は紫色に腫れ上がっていたと証言している。また、口のまわりには防声具を取り付けるための金具をつけた穴があいていたといい、まるで中世ヨーロッパで行われた拷問が復活したかのようだ。遺体を解剖した結果、胸部と足は倍に膨れ上がり、打撲のために大量に内出血していて、これだけで致命傷だったといわれている。竹刀（あるいはステッキ）による激しい拷問があったことを物語っているといえよう。

たかだか80年前の日本で、このような拷問がまかりとおっていたのである。岩田の遺体を解剖した三《み》田村篤志郎《たむらとくしろう》は戦後、「さるぐつわをかませたりした窒息死が一番疑わしい」と述べている。

特高によって虐殺されたのは岩田と小林だけではない。戦後の調査によると、1933年（昭和8）には小林も含めて19人、終戦までに80名以上もの人が、警察署内で虐殺されたという。共産党の幹部だった上田茂樹《うえだしげき》や山村時次《やまむらときじ》などのように、特高に検挙されたあと消息不明となり、どこで虐殺されたかわからない人もいるという。

戦前の共産党は、警官に発砲して負傷させた「川崎武装メーデー事件」や、資金を得るために銀行を襲った「赤色ギャング事件」などのような違法行為を行っていたことも確かだが、だからといって特高の拷問が許容されるわけではなかろう。

「横浜事件」の被疑者にくわえられた拷問の数々

海老責め、水責め、丸太責めなどの拷問

思想弾圧に血眼になっていた特高がでっち上げた冤罪事件のひとつに、横浜事件がある。

1944年(昭和19)1月、雑誌『改造』や『中央公論』の編集者や朝日新聞社、岩波書店の関係者ら数十人が一斉に検挙された。容疑は「共産党再結成の謀議」を行ったというものだったが、現在では、この事件は特高によるでっち上げだったことが判明している。しかし、このでっち上げ事件で、4人が特高の拷問によって虐殺されている。

特高による拷問は凄惨をきわめ、逆さ吊りにされて気絶するまで竹刀やこん棒、椅子、ロープを束にしたもので殴られたり、胴締めやそろばん責めで自白を強要されたりしたといわれている。角のついたこん棒を横に並べて、その上に正座させたうえで殴る蹴るの暴行を加えられた者は歩行困難となり、看守もびっくりするほどの体だったという。また、直径5センチメートルほどの丸田を並べて置き、その上に正座させるという拷問もあった。これだけで自分の体重の重みにより相当の激痛が走るが、特高はさらに正座した太ももの上に飛び乗って、土足でごしごしと踏みつけたという。気絶しても水をぶっか

け、正気を取り戻させては再び拷問を続けるという状況だった。

そのほかにも「海老責め《えび》」や「水責め」をされた被疑者もいた。さらに「小林多喜二の二の舞を覚悟しろ」とか「殺してもかまわぬのだから、そう思え」などと脅迫し、被疑者を精神的に追いつめていったという。

横浜事件の逮捕者の中に、青山憲三《あおやまけんぞう》という『改造』の編集者がいた。青山はこのときのことを戦後、手記に残している。青山の場合は、竹刀で殴られたといい、両腕を後ろにねじ上げられ、体中を竹刀でぶん殴られたという。顔や手足は腫れ上がり、数日たっても腫れは引かなかったというが、それでも自分はましなほうだったと書いている。

当時、『中央公論』の編集者だった青地晨《あおちしん》も、この事件に連座した人物だが、柔道の技で投げられ、絞められ、六尺棒が折れるほど殴られたという。青地もまた手記を残しているが、青地によると、竹刀やこん棒で激しく殴られても、一時的なものであれば我慢できたという。青地にとって、時間をかけてじっくりとやられる、緩慢で持続的な拷問がきつかったと述懐している。青地は、

たとえば、坐っている膝を竹刀でゆっくりと連続してなぐられたとする。はじめは、さして痛いとも思わないが、十分、二十分と時間がたつと両膝は皮下出血で紫色にはれあがり、ちょっとさわられても飛びあがるほど痛い

と書いており（『冤罪の恐怖』毎日新聞社刊）、拷問の苛烈さを物語っている。

さまざまな拷問を駆使した「特高」の恐怖

気絶したら水を浴びせて蘇生させて再び拷問

特高では、取り調べの一環として、殴る蹴るの暴行は日常茶飯事に行われており、また、それ以外にも時に応じてさまざまな拷問を加えていった。

真っ赤に熱した火箸やたばこの火を、顔や足に押し付けたり、靴のかかとの固い部分で胸を蹴り上げたり、逮捕者を天井の梁から吊るして木刀や竹刀《しない》で叩き続け、また革の鞭《むち》で打ったりすることもあったという。寒風吹きすさぶ冬などには、寝具を与えずに睡眠を奪い、食物を与えずに飢餓状態にすることもあった。

ほかにも、吊るした逮捕者の体中に太い針を刺して責めたり、椅子に縛りつけて身動きできない状態で椅子を倒して転がし、数人で蹴ったり踏みつけたりといったリンチ行為も行われていたという。生爪をはがしたり、そこに塩をすりこんで苦痛を長引かせたり、爪と肉の間に爪楊枝や針を刺す拷問も行われた。そして、気絶した被疑者には冷水を浴びせたり、きつけ薬で蘇生させたりして、再び拷問を繰り返したのである。

戦後に報告された特高による拷問の被害者の声

特高の拷問に関しては、戦後、被害者がさまざまなかたちでその状況を告白している。

戦前、プロレタリア作家として活動していた中本たか子は、共産党のシンパとして何度か特高に検挙された。中本はその際に、鉄の棒で太ももを何度も小突かれるという拷問を受けたといい、手記に次のように記している。


特高どもはわたしのからだをおこして正座させ、手をしばったままで、ふろしきに包んだ鉄棒をもって、太股を小突きはじめた。みるみるうちに、わたしの太股はあかくなり、紫色になり、さてはどすぐろくなって腫れ上がった。痛さになきさけぶわたしを面白そうにながめ、三人の特高どもはかわるがわる、三時間くらい小突きつづけた

棒で小突かれるくらい我慢できそうと思うかもしれないが、横浜事件の被害者である青地晨も述べているように、〝じっくりやられる〟拷問は最初はさほど痛くはないものの、30分もすれば内出血がひどくなって腫れ上がる。中本の場合は、これを3時間を行われ続けたわけで、その苦痛は相当のものだったと想像できる。

中本の例でもわかるように、特高は女性に対しても容赦なく拷問で責めた。労働運動家だった松崎浜子《まつざきはまこ》は戦後、次のように述懐している。

尋問に答えないとビンタ、髪をつかんでこづく、腕をつかみ指の間に鉛筆をいれてぐるぐるまわす。次は椅子にしばりつけて往復ビンタ。椅子にしばられたまままころがれば、着物の裾ははだける。留置場では、首つりの道具になると紐は一さい取りあげられるので紐なし和服ですから、起きあがろうともがけば太ももからお腹まで出てしまう。それを足げにする特高ども。十八歳の娘にとってやりきれないくやしさです

鉛筆を指の間に入れて上から圧迫したりする拷問は、当時の特高ではよく行われていたという。松崎は3カ月ほどの留置ののち起訴留保処分で釈放されたが、その後は特高にマークされ、彼女がつくった読書サークルをつぶしたり、彼女が勤める会社の人事課に電話を入れて呼び出したり（これは特高ではなく検事局がやった）するなどされ、読書サークルを反戦思想で指導したという口実で留置されたこともあり、特高のマークの徹底ぶりがうかがえる。

新興宗教・大本教を襲った理不尽な弾圧

1935年（昭和10）12月、新興宗教団体の大本《おおもと》教が不敬罪《ふけいざい》を理由に検挙された。教祖の出口王仁三《でぐちおにさぶ》郎《ろう》をはじめ幹部、信者を合わせて全国で約3000人が検挙されるという大宗教弾圧事件であった。

検挙と同時に、神殿などの施設は爆破され、時価で坪20円～50円の所有地は、坪14銭6厘という信じられない安値で払い下げられた。開祖の出口なおの棺は共同墓地に移され、「逆賊の死体は頭を人から踏まれなければ成仏できないだろう」といって、わざわざ頭の部分を通路側に向けて、さらに腹の部分に小さい墓標を建てるなど、死者に対してまで拷問を加えたという。

信者に対する拷問も、これまで述べてきたようなひどいものだった。

仰向けにさせられて鼻や口から水をそそぎこまれる「水責め」や、まっ赤に焼いた鉄の火箸を押し当てられる「火責め」はもちろん、革靴で一時間以上も頭を踏みつけられたり、竹刀がバラバラになるまでぶん殴られたりといった拷問がくわえられたという。

足をくくられたまま廊下を引きずり回されたために、頭部の皮が擦り剥けてしまった者もいた。

大本事件では、獄中死あるいは獄中で自殺した者は20名を超えたといい、想像を絶する拷問があったと考えていいだろう。

1935年（昭和10）12月、大本教の弾圧がはじまり、神殿などの施設は爆破、あるいは払い下げられた。写真はこのときの摘発で壊された大本教の看板など。（写真／毎日新聞社提供）

特高とは別組織となる戦前にいた「憲兵」とは

元憲兵の手記に書かれた当時の憲兵とは

戦前、特高とともに拷問や虐殺を行った組織に、憲兵《けんぺい》がある。

特高と憲兵の違いだが、まず管轄が違う。

特高は特別高等警察という名前からわかるように、内務省の管轄だが、憲兵は陸軍省の管轄下にあり、一人一人が個々に陸軍大臣に直属していた。

また、特高は軍部に干渉する権限はなかったため、憲兵が軍人の犯罪を対象とした。憲兵は陸軍の所属だったが、陸軍だけでなく海軍にまで捜査権を行使できる特殊な組織だった。また、憲兵にも思想調査など民間人を捜査・拘束する権限が与えられており、特高的な任務も受け持っていた。ちなみに憲兵は、その権力の大きさから1937年（昭和12）までは定員999人と決められていたが、日中戦争の泥沼化にしたがって定員制度は廃止された。憲兵は、占領地域の国民にまで警察権を行使していたからだ。

元憲兵曹長だった井上源吉《いのうえげんきち》が書いた『戦地憲兵』（図書出版社）という本には、次のような話が残されている。

1938年（昭和13）、上海で中国人の男がスパイ容疑で憲兵に逮捕された。自白しないとわかると、取り調べを行っていた憲兵伍長は拷問をはじめた。まず、庭に連れ出して木に逆さ吊りにし、そのうえで男の鼻にヤカンの水をつぎ込んだ。逆さに吊るされると血が頭にのぼり、はじめはまっ赤になるが数時間も吊るされると真っ青になり、目玉が飛び出るほどの痛みを感じ、そのうえに鼻に水を入れられると、目まいがして何がなんだかわからなくなるという。数時間後に枝からおろされた男は気絶しており、半死半生の状態であった。

中国の密偵を調べる憲兵の写真。日中戦争当時の中国には、満州や租界地など日本も大きな権益をもっており、憲兵が取り締まりを行っていた。（写真／毎日新聞社提供）

結局、この男は最後まで口を割らず、首を斬られることになった。

その殺され方も残虐で、殺害を命じられた上等兵は人の首を斬るのが初めてということもあり一太刀では殺せず、3分の1ほど斬られた男の首の傷口からはおびただしい量の血が噴き出し、男を絶命させることはできなかったという。そのため、上等兵はノコギリで丸太を切るようにして首を斬り落としたというから、犠牲者の苦しみと絶望は想像を絶する。

◉参考文献

『図説刑罰具の歴史』重松一義（明石書店）
『日本拷問刑罰史』笹間良彦（柏書房）
『切支丹風土記』（宝文館）
『刑罰の歴史』石井良助（明石書店
『日本神判史』清水克行（中央公論新社）
『日本行刑史』瀧川政次郎（青蛙房）
『江戸牢獄・拷問実記』横倉辰次（雄山閣）
『戦地憲兵』井上源吉（図書出版社）
『拷問』森川哲郎（図書出版社）
『諸藩の刑罰』井上和夫（人物往来社）
『江戸刑罰実録』（三崎書房）
『江戸の犯科帳』樋口秀雄（人物往来社）
『拷問・処刑・虐殺全書』柳井伸作（ＫＫベストセラーズ）
『日本死刑史』森川哲郎（日本文芸社）
『拷問刑罰史』名和弓雄（雄山閣）
『残酷の日本史』井上和夫（光文社）
『拷問』双川喜文（日本評論社）
『大江戸暗黒街　八百八町の犯罪と刑罰』重松一義（柏書房）
『江戸の刑罰・拷問大全』大久保治男（講談社）
『日本の拷問と処刑』名和弓雄（日本文芸社）
『戦国人質無惨』稲垣史生（旺文社）
『人殺・密通その他』石井良助（自治日報社出版局）
『残虐の女刑史』井上和夫（綜合図書）
『日本歴史大辞典』日本歴史大辞典編纂委員会（河出書房新社）
『図説拷問全書』秋山裕美（筑摩書房）
『拷問の歴史』高平鳴海と拷問史研究班（新紀元社）
『日本キリシタン殉教史』片岡弥吉（時事通信社）
『日本世界残酷絵画集』磯村謙編（浪速書房）
『昭和特高弾圧史』明石博隆・松浦総三編（大平出版社）
『特高警察黒書』「特高警察黒書」編集委員会編（新日本出版社）
『抵抗の群像』治安維持法犠牲者国家賠償要求同盟編（白石書店）
『日本史広辞典』日本史広辞典編集委員会（山川出版社）
『日本書紀　上下』宇治谷孟訳（講談社）
『続日本紀　上中下』宇治谷孟訳（講談社）
『愚管抄』岡見正雄・赤松俊秀校注（岩波書店）
『古事類苑』神宮司庁古事類苑出版事務所編（神宮司庁）
『日本近世行刑史稿』（刑務協会）
『吾妻鏡』竜粛訳注（岩波書店）

【著者略歴】

水野大樹（みずの・ひろき）

1973年生まれ。東京都出身。青山学院大学卒業後、出版社に入社。雑学本、歴史関連本の出版編集を多く手がけ、その後独立しフリーライターとなる。
『時代考証で見る日本の歴史』（西東社）、『入門　日本のしきたり』（洋泉社）、『歴史入門　真田一族のすべて』（スタンダーズ）などに執筆参加。著書に『室町時代人物事典』『図解　古代兵器』『図解　火砲』（ともに新紀元社）がある。

カバー画：国立国会図書館蔵
本文イラスト：中山けーしょー
カバーデザイン：松浦竜矢
編集：有限会社バウンド

「拷問」「処刑」の日本史
農民から皇族まで犠牲になった日本史の裏側

発行日　　2015年12月17日　初版

著　者　　水野大樹
発行人　　坪井義哉
発行所　　株式会社カンゼン
〒101-0021
東京都千代田区外神田2-7-1 開花ビル4F
TEL　03（5295）7723
FAX　03（5295）7725
http://www.kanzen.jp/
郵便振替　00150-7-130339
印刷・製本　株式会社シナノ

ISBN 978-4-86255-329-4
Printed in Japan
定価はカバーに表示してあります

本書に関するご意見、ご感想に関しましては、kanso@kanzen.jp まで
Eメールにてお寄せください。お待ちしております。